D1731687

 Callsen-Bracker Verlag

# Informationsbeschaffung bei Feedback aus Kursen und Underpricing

Marco Bade

Bibliografische Information der Deutschen Nationalbibliothek:

Die Deutsche Nationalbibliothek verzeichnet diese Publikation in der Deutschen Nationalbibliografie; detaillierte bibliografische Daten sind im Internet über http://dnb.dnb.de abrufbar.

Zugl.: Dissertation 2015, Technische Universität Berlin, Berlin

Erste Auflage 2015
ISBN: 978-3-941797-12-3
Callsen-Bracker Verlag, Berlin
Danckelmannstraße 45, 14059 Berlin
URL: www.callsen-bracker-verlag.de

Verlag: Callsen-Bracker Verlag, Berlin
Druck: BoD – Books on Demand GmbH, Norderstedt
Covergestaltung: Marco Bade

# Geleitwort

Dass auf Börsen Erwartungen gehandelt werden ist eine Binsenweisheit. Und natürlich bietet es sich an, aus den dort beobachtbaren Kursen zu lernen. So lassen sich Rückschlüsse auf Informationen ziehen, die relevant für die Bewertung des gehandelten Wertpapiers sind – sonst wären sie ja nicht im Kurs enthalten. Bei entsprechenden Korrelationen können diese Informationen aber auch für die Bewertungen anderer Objekte relevant sein.

Hier setzt die vorliegende Arbeit an und untersucht eine Situation, in der Informationen über ein börsengehandeltes Asset gleichzeitig relevant für ein nicht börsengehandeltes Investitionsprojekt sind. Der Emittent (ein Entrepreneur) des börsengehandelten Assets ist gleichzeitig Entscheidungsträger über das Investitionsprojekt. Er kann sich kostenträchtig zusätzlich noch eine private Information beschaffen. Diese bezieht sich allerdings nicht auf das Projekt, sondern auf das börsengehandelte Asset. Auf Basis dieser Information nimmt der Entrepreneur selbst am späteren Sekundärmarkthandel teil und erzielt erwartete Handelsgewinne. Gleichzeitig kann dies jedoch dazu führen, dass es für ihn schwieriger wird, aus dem Börsenkurs über das Investitionsprojekt zu lernen, was seine Investitionsentscheidung beeinträchtigt.

Die informationsbedingten Handelsgewinne gehen zu Lasten uninformierter Börsenteilnehmer. Diese wiederum antizipieren diese Verluste und preisen sie bei dem vorangehenden Going Public als Bewertungsabschlag ein (Underpricing). Somit ziehen die Anleger ihre künftig zu erwartenden Handelsgewinne schon beim Börsengang ab, so dass der Entrepreneur von seinem informationsbedingten Handelsgewinn netto im Erwartungswert keinen Vorteil hat. Am Börsenhandel nimmt auch ein Spekulant mit privater Information teil, die sowohl für das gehandelte Asset als auch für das nicht gehandelte Projekt relevant ist. Seine Handelsgewinne gehen ebenfalls zu Lasten der uninformierten Anleger. Über das zusätzliche Underpricing führt dies netto zu Liquiditätskosten des Entrepreneurs.

Der Entrepreneur steht damit vor einem Trade-off zwischen Lernen und Liquiditätskosten und trifft folgende Entscheidungen: Im (zeitlich) ersten Schritt entscheidet er darüber, mit welcher Präzision seine private Information behaftet ist. Je höher die Präzision, desto höher sind die Kosten für die Beschaffung dieser Information. Im zweiten Schritt entscheidet er bei gegebener Präzision über seine Nachfragemenge im Sekundärmarkthandel. Im dritten Schritt entscheidet er schließlich über das Investitionsvolumen, nachdem er aus dem Börsenkurs gelernt hat.

Es zeigt sich, dass es über den Sekundärmarkthandel zu einem Crowding Out des Spekulanten durch den Entrepreneur kommt. Dabei wird nachgewiesen, wie der Entrepreneur durch die Wahl seiner Informationspräzision seine eigenen Liquiditätskosten beeinflussen kann (Liquiditätskosteneffekt). Ebenso wird anhand der Preisinformativität sowie des Werts der Investition ermittelt, wie er gleichzeitig seinen Lerneffekt steuert (Investitionseffekt). Darauf aufbauend wird der Gesamteffekt beider (inklusive der Kosten für die Informationsbeschaffung) analysiert und die Existenz eines inneren Optimums untersucht. Schließlich wird aufgezeigt, in welche Richtungen die exogenen Parameter (Profitabilität des Projekts, Informationspräzision des Spekulanten sowie Stärke des nicht informationsbedingten Handels) auf die einzelnen Effekte und die endogene, optimale Informationspräzision des Entrepreneur wirken.

Modellkonzeption und formale Analyse sind komplex. Dennoch gelingt es, hochinteressante Einsichten zu gewinnen. Die gewonnenen Ergebnisse sind äußerst innovativ. Insgesamt handelt es sich um einen besonders gelungenen Forschungsbeitrag.

Berlin im November 2015                    *Prof. Dr. Hans Hirth*

# Vorwort

Die vorliegende Arbeit ist im Jahr 2015 von der Fakultät Wirtschaft und Management der Technischen Universität Berlin als Dissertation angenommen worden. Die Entstehung dieser Arbeit war nur durch die Unterstützung zahlreicher Personen möglich, für deren Hilfe ich mich an dieser Stelle herzlich bedanken möchte.

Mein besonderer Dank gilt meinem Doktorvater Prof. Dr. Hans Hirth, ohne dessen fachliche und methodische Unterstützung diese Arbeit undenkbar gewesen wäre. Jede Phase dieses Forschungsprojekts wurde mit unerschütterlichem Glauben an das Thema intensiv und warmherzig begleitet. Daneben möchte ich mich auch für seine stets offene Tür und die vielen Freiräume bedanken, die ich als wissenschaftlicher Mitarbeiter am Lehrstuhl für Finanzierung und Investition genieße.

Für die außerordentlich zügige Begutachtung und die konstruktive wissenschaftliche Aussprache bedanke ich mich bei Frau Prof. Dr. Dorothea Kübler. Herrn Prof. Dr. Lachmann danke ich für den Vorsitz des Promotionsausschusses.

Auch bei meinen Kollegen Daniel Förster, Martin Walther und Adrian Fabarius sowie allen weiteren Mitarbeitern des Lehrstuhls bedanke ich mich für die einmalige Arbeitsatmosphäre und die vielen anregenden Diskussionen zu fachlichen und außerfachlichen Themen. Mein Dank geht ebenso an Rita Acampora, die mir mehrfach hilfreich Fragen rund um unsere tägliche Arbeit beantwortete. Ohne dieses sympathische Team hätte ich nie so viel Freude an der Anfertigung der Dissertation haben können.

Gewidmet ist diese Arbeit meiner Familie und meiner Freundin, die mir mit ihrer liebevollen und unerschöpflichen Unterstützung durch mein Studium bis hin zum Abschluss dieser Dissertation beigestanden haben. Vielen Dank für die vielen Momente der letzten Jahre, aus denen ich stets neue Motivation schöpfen konnte. Mit grenzenloser Geduld und Aufopferung haben mir diese Menschen aus so mancher Krise geholfen.

Berlin im November 2015                                         *Marco Bade*

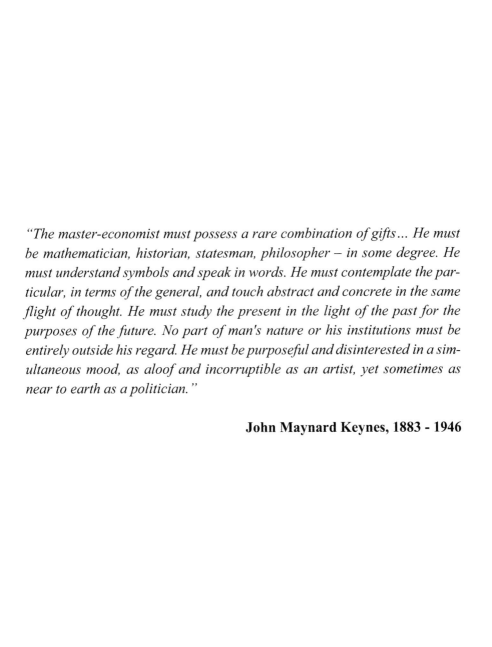

*"The master-economist must possess a rare combination of gifts… He must be mathematician, historian, statesman, philosopher – in some degree. He must understand symbols and speak in words. He must contemplate the particular, in terms of the general, and touch abstract and concrete in the same flight of thought. He must study the present in the light of the past for the purposes of the future. No part of man's nature or his institutions must be entirely outside his regard. He must be purposeful and disinterested in a simultaneous mood, as aloof and incorruptible as an artist, yet sometimes as near to earth as a politician."*

**John Maynard Keynes, 1883 - 1946**

# Abstract

Das vorliegende Modell befasst sich mit der Informationsbeschaffung unternehmerischer Entscheidungsträger. Regelmäßig werden Investitionen von diversen Unsicherheitsfaktoren beeinflusst. Preise aggregieren Informationen über derartige Risiken und spiegeln diese wider. Die Beobachtung von Aktienkursen ist essenziell, um effizient zu investieren. Desweiteren führen Informationsasymmetrien unter Marktteilnehmern und der Handel im sekundären Markt zu Vermögensumverteilungen. Handelsgewinne im Sekundärmarkt zu Lasten uninformierter Investoren können die Ursache für Preisabschläge im Primärmarkt sein und in Liquiditätskosten für den Emittenten münden. Insiderhandel von Entscheidungsträgern erzeugt Wettbewerbsdruck auf informierte Spekulanten und drängt diese teilweise aus dem Markt, reduziert jedoch gleichzeitig den für Investitionsentscheidungen relevanten Informationsgehalt des eigenen Aktienpreises. Der resultierende Trade-off zwischen Investitionseffizienz und Liquiditätskosten determiniert die optimale Informationsbeschaffung von Unternehmern.

The present model studies the information acquisition of decision makers. Real investment opportunities regularly depend on multiple sources of uncertainty captured by share prices. Learning from prices is crucial when investment efficiency matters. Information asymmetry among traders and trading in the secondary market redistribute wealth. Trading profits of speculators in the secondary market at the expense of uninformed investors lead to liquidity cost for the issuer of the shares. Insider trading by decision makers creates competitive pressure and partially crowds out informed speculators but reduces investment efficiency. There is a tradeoff between liquidity cost and investment efficiency determining the information acquisition of decision makers.

# Inhaltsverzeichnis

# Abbildungsverzeichnis

# Tabellenverzeichnis

# Symbolverzeichnis

*Allgemeines Symbolverzeichnis*

| | |
|---|---|
| $df/dz$ | Ableitung von $f$ nach $z$ |
| $f'(z)$ | Ableitung von $f$ nach $z$ |
| $E_{t=T}(Z)$ | Erwartungswert |
| $E_{t=T}(Z|Y)$ | bedingter Erwartungswert |
| $var(Z)$ | Varianz |
| $\sigma^2$ | Varianz |
| $var(Z|Y)$ | bedingte Varianz |
| $cov(Z,Y)$ | Kovarianz |

*Symbolverzeichnis zum Kyle-Modell*

| | |
|---|---|
| $P$ | Preis des Vermögenswerts |
| $p_0$ | Erwartungswert des stochastischen Liquidationserlöses des Vermögenswerts |
| $u$ | Nachfrage der Noisetrader |
| $v$ | stochastischer Liquidationserlös des Vermögenswerts |
| $x$ | Nachfrage des Insiders |
| $X$ | Handelsstrategie des Insiders |
| $\alpha$ | Verschiebungskonstante der linearen Nachfragefunktion |
| $\beta$ | Steigung der linearen Nachfragefunktion |
| $\lambda$ | Steigung der linearen Preisfunktion; Liquiditätsparameter; Nachfragesensitivität des Preises |
| $1/\lambda$ | Markttiefe |
| $\mu$ | Verschiebungskonstante der linearen Preisfunktion |
| $E(\pi)$ | erwarteter Handelsgewinn des Insiders |
| $\Sigma_0$ | Varianz des stochastischen Liquidationserlöses des Vermögenswerts |

V

| $\Sigma_1$ | Preisinformativität |
| $\sigma_u^2$ | Varianz des Noisetradings (Noise) |

*Symbolverzeichnis zu Gao und Liang (2013)*

| $A$ | Cashflow des Vermögenswerts |
| $G$ | Netto-Cashflow der Growth Opportunity |
| $V_0$ | Zielfunktion des Unternehmens in t=0 |
| $W$ | Kosten der Offenlegung |
| $\beta$ | Offenlegungsstrategie / Wahrscheinlichkeit der vollständigen Offenlegung |
| $\Pi$ | erwartete Liquiditätskosten |
| $\Psi$ | Erwartungswert der Investitionsmöglichkeit |

*Symbolverzeichnis zum Modell der Arbeit*

| $A$ | Cashflow des Vermögenswerts |
| $C$ | Informationsbeschaffungskosten des Entrepreneurs |
| $G$ | Netto-Cashflow der Investitionsmöglichkeit |
| $g$ | Profitabilität der Investition |
| $K$ | Investitionsvolumen |
| $n$ | Nachfrage der Noisetrader |
| $P$ | Preis |
| $s_i$ | privates Signal des Akteurs $i$ |
| $V_0$ | Zielfunktion des Entrepreneurs in t=0 |
| $x_i$ | Nachfrage des Akteurs $i$ |
| $X$ | aggregierte Nachfrage |
| $\gamma$ | Steigung der linearen Nachfragefunktion |
| $\delta$ | Verschiebungskonstante der linearen Nachfragefunktion |
| $\varepsilon$ | Störterm des privaten Signals des Entrepreneurs |

| | |
|---|---|
| $\theta$ | Störterm des privaten Signals des Spekulanten |
| $\lambda$ | Steigung der linearen Preisfunktion; Liquiditätsparameter; Nachfragesensitivität des Preises |
| $1/\lambda$ | Markttiefe |
| $\mu$ | stochastischer Payoff |
| $\mu_0$ | Erwartungswert des stochastischen Payoffs |
| $\mu_s$ | marktbezogene Komponente des stochastischen Payoffs |
| $\mu_e$ | Unternehmensbezogene Komponente des stochastischen Payoffs |
| $\Pi$ | erwartete Liquiditätskosten |
| $\pi_i$ | ex post Handelsgewinn des Akteurs $i$ |
| $E(\pi_i)$ | erwarteter Handelsgewinn des Akteurs $i$ |
| $\Sigma_i$ | Signalinformativität des Akteurs $i$ |
| $\sigma_e^2$ | Varianz der unternehmensbezogenen Komponente |
| $\sigma_P^2$ | Varianz des Preises / Preisvolatilität |
| $\sigma_n^2$ | Varianz des Noisetradings (Noise) |
| $\sigma_s^2$ | Varianz der marktbezogenen Komponente |
| $\sigma_\varepsilon^2$ | Varianz des Störterms des privaten Signals des Entrepreneurs |
| $\sigma_\theta^2$ | Varianz des Störterms des privaten Signals des Spekulanten |
| $\tau_i$ | Signalpräzision des Akteurs $i$ |
| $\phi$ | Verschiebungskonstante der linearen Preisfunktion |
| $\Psi$ | Erwartungswert der Investitionsmöglichkeit |
| $\Omega_P$ | Preisinformativität |

# 1    Einleitung

Aktienmärkte sind allgemein als Quelle von Informationen bekannt. Preise reflektieren unter Investoren verstreute Informationen. Verschiedene Typen von Tradern haben Zugang zu unterschiedlichen Informationsquellen. Entscheidungsträger können aus dem Inneren der Unternehmen lernen. So können sie sich beispielsweise ein besseres Bild über Produktions- oder Technologierisiken machen oder schlichtweg handfeste Daten aus dem Controlling heranziehen und Gewinnprognosen ableiten. Hingegen konzentrieren sich sogenannte Market-Professionals wie Analysten, Broker oder auch professionelle Spekulanten eher auf marktbezogene Faktoren. Dazu gehören zum Beispiel Absatz- und Wettbewerbsrisiken. Die genannten Marktteilnehmer haben jedoch allesamt Zugang zum Sekundärmarkt, in dem Unternehmensanteile gehandelt werden. Unterschiedlich informierte Trader nutzen ihre Informationen, um vom Handel im Sekundärmarkt auf Kosten Uninformierter zu profitieren. Dies führt im Ergebnis zu adverser Selektion unter Tradern und Marktilliquidität, insbesondere im Folgemarkt.

Gleichzeitig können Investitionsentscheidungen stark auf marktbezogene Informationen wie zukünftige Nachfrageentwicklungen angewiesen sein. Es scheint daher nur vernünftig, Aktienkurse zu beobachten, um entsprechende Informationsinhalte abzuschöpfen und für Investitionen zu nutzen. Man betrachte beispielsweise ein Projekt, dessen Erfolg besonders stark von äußeren Marktgegebenheiten abhängt. Das könnte eine Investition in eine radikale Produktneuentwicklung sein. Mit der Entwicklung hochinnovativer Produkte geht stets ein hohes Nachfragerisiko einher. Der verantwortliche Entscheider verfügt über überlegene Informationen hinsichtlich seiner eigenen Vermögenswerte (Englisch: asset in place)[1]. So ist er zum Beispiel über die eingesetzten Produktionsprozesse und -technologien im bestehenden Unter-

---

[1] Ein Beispiel dafür ist ein bereits etabliertes Unternehmen.

nehmen im Bilde. Seine Informationen über relevante marktbezogene Risiken hingegen sind regelmäßig weniger aussagekräftig oder gar nicht existent. Stattdessen sind es Market-Professionals, die über Informationen hinsichtlich künftiger Nachfrageentwicklungen auf einem speziellen Produktmarkt oder Entwicklungen der Wettbewerbssituation (z.B. mögliche Fusionen von Wettbewerbern) verfügen. Der Entscheidungsträger muss sich dann notwendigerweise auf den Marktpreis gehandelter Vermögenswerte fokussieren, um Marktinformationen abschöpfen zu können. Dies kann nur dann effizient erfolgen, wenn den Tradern mit relevanten Informationen entsprechende Freiheiten zur Generierung von Handelsgewinnen im Sekundärmarkt eingeräumt werden. Der für den Entscheidungsträger nutzbare Informationsgehalt der Preise wird dadurch erhöht. Gleichzeitig begünstigt dies jedoch adverse Selektion, insbesondere zu Lasten uninformierter Akteure.

Die vorliegende Arbeit stellt ein erweitertes Insiderhandelsmodell mit endogener Informationsbeschaffung eines Entscheiders vor. Dieser Entscheidungsträger wird repräsentiert durch einen Entrepreneur mit einem Vermögenswert in Form eines bereits etablierten Unternehmens und der Möglichkeit einer privaten Investition innerhalb desselben Marktes. Der Entrepreneur optimiert seine Informationsbeschaffung zum Zeitpunkt des Börsengangs (Englisch: initial public offering; kurz: *IPO*) der etablierten Unternehmung. Anschließend öffnet der Sekundärmarkt und die Unternehmensanteile werden gehandelt. Am Handel im sekundären Markt partizipieren neben dem Entrepreneur ein Spekulant mit privaten Marktinformationen und uninformierte Investoren des Primärmarktes. Letztere sind durch die Folgen eines Liquiditätsschocks gezwungen zu handeln. Der sich einstellende Aktienpreis des Vermögenswerts bestimmt die Investitionsentscheidung des Entrepreneurs.

Insiderhandel des Entrepreneurs auf Basis seiner Informationsvorteile über interne Faktoren erzeugt Wettbewerbsdruck auf den Spekulanten. Dies reduziert dessen Handelsaggressivität und begründet zwei wesentliche Effekte. Einerseits führt es zu einer Senkung der Handelsgewinne des Spekulanten auf Kosten uninformierter Investoren. Diesen Verlust antizipieren die Investoren bereits bei der Emission der Aktien im Primärmarkt. Bei sinkenden erwarteten Handelsgewinnen des Spekulanten erwarten die Investoren entsprechend einen geringeren Verlust im Sekundärmarkt, was wiederum ihre Zahlungsbereitschaft im Primärmarkt steigert. Der potenzielle Preisabschlag beziehungsweise das Underpricing im Primärmarkt sinkt. Im Ergebnis führt die Emission von Unternehmensanteilen durch diesen Mechanismus zu erhöhter Liquidität des Entrepreneurs. Andererseits reduziert der Handel des Entrepreneurs auf Basis unternehmensinterner Informationen den Informationsgehalt des Preises hinsichtlich der für die Investition besonders relevanten Marktinformationen, ist es doch genau die Information des Spekulanten, die Investitionseffizienz ermöglichen soll. Der Grund liegt in der Eigenschaft der Informationsaggregation des Preises. Durch die Nachfrage des Entrepreneurs nimmt der Preis dessen Informationsvorteil teilweise auf und reflektiert somit zusätzliche Inhalte, die irrelevant für die Investition sind. Da auch die private Information des Entrepreneurs mit Unsicherheit behaftet ist, erhöht dies die Volatilität des Preises und erschwert es dem Entrepreneur, die Informationen des Spekulanten für sich zu gewinnen. Darunter leidet letztlich die Investitionsentscheidung. Dieser Trade-off bestimmt die optimale Präzision des Entrepreneurs, mit der er private Informationen beschafft.

Zur Untersuchung der Effekte privater Informationsbeschaffung und informierten Handels auf unternehmerische Entscheidungen werden drei wesentliche Finanzmarkteffekte berücksichtigt. Als Grundlage für das Problem der Investitionsentscheidung dient ein *Informational-Feedback-Effekt* aus dem Aktienkurs des Vermögenswerts. Darüber hinaus wird ein *Verdrängungseffekt* infolge des Wettbewerbs unter informierten Tradern eingearbeitet. Dieser Effekt wiederum mildert das Problem *adverser Selektion* zu Lasten uninformierter Investoren im Sekundärmarkt. Die letzteren beiden Effekte steuern das Liquiditätsmotiv des Entrepreneurs im Rahmen des IPOs seines etablierten Unternehmens.

Mit der Endogenisierung der Informationsbeschaffung eines Entscheiders bereichert dieses Modell die Literatur zum Thema des Insiderhandels. Der Fokus der Arbeit ist im Gegensatz zur einschlägigen Literatur weniger regulatorisch geprägt als vielmehr betriebswirtschaftlich. Im Zentrum der Betrachtung stehen unternehmerische Entscheidungen. Dadurch erweitert dieser Ansatz klassische Insiderhandelsmodelle mit asymmetrisch informierten Marktteilnehmern und etabliert eine Beziehung zwischen den Anreizen des Insiderhandels und der Informationsverarbeitung von Entscheidungsträgern bei gegebener Realinvestitionsmöglichkeit.

Über die private Informationsbeschaffung hinaus arbeitet das Modell die Hypothese ein, dass Preise Realentscheidungen beeinflussen. Der Entscheidungsträger beschafft parallel private Informationen und lernt aus dem Aktienkurs seines Unternehmens. Damit erschafft die vorliegende Arbeit eine modelltheoretische Grundlage für die endogene, private und öffentliche Informationsverarbeitung von Entscheidungsträgern in Unternehmen und ergänzt die Literatur zum Informational-Feedback-Effekt.

Das Modell untermauert zudem empirische Befunde zur Lernhypothese aus dem eigenen Aktienkurs. Gleichwohl ermöglicht eine simple Modifikation die Übertragung des Modells auf die in der empirischen Forschung hochaktuelle Fragestellung, ob und inwiefern die Preise verwandter Unternehmen Investitionsentscheidungen beeinflussen.

Die Dissertation ist wie folgt aufgebaut. Kapitel 2 bietet einen Überblick über einschlägige Literatur zu den relevanten Themen, insbesondere zu den wesentlichen Modellen und Begriffen, die das Fundament dieser Arbeit darstellen. In Kapitel 3 wird das entwickelte Modell beschrieben. Dem folgen in Kapitel 4 zunächst vorbereitende Ergebnisse hinsichtlich der Investitionsentscheidung des Entrepreneurs, die Bestimmung und Charakterisierung des Gleichgewichts im Sekundärmarkthandel sowie Überlegungen zum Informationsgehalt des Preises. Kapitel 5 befasst sich mit dem Kalkül des Entrepreneurs. Daraus wird zusätzlich in diesem Abschnitt der zentrale Trade-off des Modells abgeleitet. Anschließend wird der Einfluss der Signalqualität des Spekulanten auf das Kalkül des Entrepreneurs analysiert. Das Kapitel schließt mit der gleichgewichtigen Informationsbeschaffung des Entrepreneurs sowie dessen Reaktion auf die Veränderung relevanter Parameter. In Kapitel 6 werden kritische Annahmen und Ergebnisse diskutiert sowie eine simple Modellmodifikation vorgenommen. Abschließend werden in Kapitel 7 Schlussfolgerungen gezogen.

# 2 Grundlagen und Literatur

In diesem Kapitel wird die Arbeit in die Literatur eingeordnet und einschlägige Ansätze, sowohl modelltheoretische als auch empirische, vorgestellt. Die vorliegende Arbeit ist modelltheoretischer Natur. Deshalb fokussiert sich der folgende Überblick im Wesentlichen auf relevante Modelle. Die empirische Literatur fließt lediglich punktuell ein.

Der Ansatz ist nicht eindeutig einem speziellen Themengebiet zuzuordnen. Zwar positioniert er sich an der Schnittstelle zwischen den Themen des Insiderhandels und des Informational-Feedback-Effekts aus Preisen, die Verbindung besteht wiederum in der übergeordneten Informationsverarbeitung auf Finanzmärkten. Da es zudem um den bidirektionalen Fluss von Informationen aus und in den Markt geht, befasst sich der folgende Literaturüberblick intensiver mit dem Informational-Feedback-Effekt und Lerneffekten aus Preisen.

Die Grundlagen und die einschlägige Literatur werden im Folgenden nach den Themen des Insiderhandels (2.1) und dem Lernen aus Preisen (2.2) gegliedert dargestellt. Ferner wird ein spezielles Insiderhandelsmodell, das Kyle-Modell, als Grundlage der Arbeit detailliert erläutert. Da bereits ausführliche Literaturübersichten zum Insiderhandel existieren, konzentriert sich die vorliegende auf die wenigen relevanten Quellen, deren Intentionen unmittelbar Eingang in dieses Modell finden. Für einen sehr ausführlichen Literaturüberblick sei an dieser Stelle auf Niehoff (2011) verwiesen. Ein weiterer Abschnitt (2.3) widmet sich der Literatur zum Zusammenhang des Informational-Feedback-Effekts und dem Trade-off des Modells. Abschließend wird ein Gesamtüberblick der relevanten Literatur gegeben (Abschnitt 2.4).

## 2.1    Insiderhandel

Ein Blick in die Tagespresse genügt, um sich die Allgegenwärtigkeit des Insiderhandels vor Augen zu führen. An die Oberfläche gelangen zumeist nur
prominente Beispiele. Tatsächlich sollen die Fälle um Top-Manager und professionelle Spekulanten nur die Spitze des Eisbergs sein. Einer Studie zu-
folge kommt es im Vorfeld von Unternehmensübernahmen, das heißt innerhalb von 30 Tagen vor der Veröffentlichung relevanter Informationen, zu
statistisch signifikant höheren Handelsmengen bei Call-Optionen. Dies kann
als klares Indiz für Insider-Transaktionen verstanden werden (vgl. Augustin
et al., 2014).

Das deutsche Recht sieht im Wertpapierhandelsgesetz ein Verbot von Insiderhandel vor (§14, Wertpapierhandelsgesetz). Dabei wird eine Insiderinfor-
mation als eine „Information über nicht öffentlich bekannte Umstände ..."
(§13, Absatz 1, Wertpapierhandelsgesetz) definiert. Nichtsdestotrotz
herrscht verbreitet Dissens über die tatsächlichen Auswirkungen des Insiderhandels und damit über die Notwendigkeit des Verbots. Wissenschaftliche
Arbeiten zur Untersuchung der Auswirkungen umfassen in erster Linie empirische und modelltheoretische Studien.

Erstere gebrauchen reale Marktdaten und analysieren zum Beispiel die Wirkung des Insiderhandels auf Unternehmenswerte. So identifizieren Masson
und Madhavan (1991) einen negativen Einfluss von Insiderhandel auf den
Wert des betroffenen Unternehmens. Zurückzuführen ist dies womöglich auf
erhöhte Eigenkapitalkosten, da Anteilseigner eine höhere Kompensation, das
heißt eine höhere Aktienrendite, verlangen. Das mit Insiderhandel einhergehende Risiko wird in die geforderten Aktienrenditen eingepreist (vgl. Easley
et al., 2002). Dem entgegen steht die Argumentation, dass Insiderhandel zu
einer Konvergenz der Interessen von Managern, den potenziellen Insidern,
und dem Unternehmen sowie dessen Anteilseignern führen kann. Durch In-

siderhandel können Manager von einem steigenden Unternehmenswert profitieren und werden somit angereizt, ihre eigene und die Leistung des Unternehmens zu steigern (vgl. Carlton und Fischel, 1983).

Die modelltheoretische Literatur zum Insiderhandel reicht zurück zum Kyle-Modell von 1985. Das Modell ist bis heute der wohl prominenteste Ansatz auf dem Gebiet. Insbesondere der Fall der singulären Auktion wird seither zur Lösung verschiedenster, in Zusammenhang mit informiertem Handel stehender Problemstellungen eingesetzt. Kyle (1985) zeigt die Existenz eines Handelsgleichgewichts im Sekundärmarkt mit uninformierten Tradern und einem monopolistischen Insider mit Informationsvorteil. Der Aufsatz beschäftigt sich in erster Linie mit den Auswirkungen des Insiderhandels auf die Preiseffizienz und die Liquidität des Marktes. An dieser Stelle soll nun das Kyle-Modell im Detail beschrieben werden, da es die Grundlage für die Modellierung des Sekundärmarkthandels in der vorliegenden Arbeit darstellt.

Das Modell betrachtet einen einzelnen, monopolistischen Insider mit perfekter Information über den künftigen Liquidationserlös $v \sim N(p_0, \Sigma_0)$ eines gehandelten Vermögenswerts. Ferner berücksichtigt Kyle (1985) uninformierte Noisetrader, die zufällig handeln, sowie einen Market-Maker unter vollständiger Konkurrenz. Black (1986, S. 531) bezeichnet Noisetrader als Marktteilnehmer, die Störungen oder Schocks als Informationen auffassen und auf deren Basis handeln, obwohl sie aus objektiver Sicht nicht handeln sollten. In den meisten Fällen verlieren Noisetrader als Gruppe gegenüber informierten Tradern. Da dies mit rationalen Erwartungen nicht vereinbar ist, beseitigt Hirth (2000, S. 6) die implizit unterstellte Irrationalität der Noisetrader und definiert sie als unerkannte Liquiditätshändler, deren (nicht-informationsbasierter) Handel zu Noise im Markt führt.

Die Timeline des Modells umfasst zwei Zeitpunkte. Im ersten Schritt platzieren der Insider und die Noisetrader ihre Nachfragen oder Angebote. $x$ bezeichnet die Nachfrage des Insiders und $u \sim N(0, \sigma_u^2)$ die Nachfrage der Noisetrader. Zur Ermittlung seiner gewinnmaximierenden Nachfrage nutzt der Insider seine Information über den künftigen Wert der Aktie, wohingegen die Nachfrage der Noisetrader und der Preis der Aktie noch nicht beobachtbar für ihn sind. Im zweiten Schritt beobachtet der Market-Maker das gesamte Handelsvolumen, wobei er dieses nicht in seine Bestandteile zerlegen kann. Das bedeutet, der Market-Maker nimmt lediglich einen Nachfrage- oder Angebotsüberschuss wahr und setzt auf dieser Grundlage den markträumenden Preis. Demnach entspricht der Preis stets der Erwartung des Market-Makers über den künftigen Liquidationserlös des Vermögenswerts. Entsprechend erzielt der Market-Maker unter vollständiger Konkurrenz im Erwartungswert keinen Handelsgewinn. Der Insider hingegen generiert aufgrund der camouflierenden Wirkung des Noisetradings im Erwartungswert einen Gewinn.

Ein Gleichgewicht im Sekundärmarkt charakterisiert Kyle (1985) durch folgende Bedingungen:

1. *Gewinnmaximierungskriterium:* Der Insider wählt die Handelsstrategie $X$, die seinen erwarteten Gewinn $E(\pi)$ maximiert.

2. *Markteffizienzkriterium:* Der gesetzte Preis $P$ entspricht der durch das Handelsvolumen bedingten Erwartung des Vermögenswerts $E(v|x + u)$.[2]

Die Lösung des Modells besteht in Form eines linearen Gleichgewichts hinsichtlich der Funktionen $X$ und $P$:

$$P = \mu + \lambda(x + u),$$

$$X = \alpha + \beta v,$$

---

[2] Aus Sicht des Market-Makers.

9

wobei $\mu = p_0$, $\lambda = \frac{\sqrt{\Sigma_0}}{2\sigma_u}$, $\alpha = -\frac{p_0\sigma_u}{\sqrt{\Sigma_0}}$ und $\beta = \frac{\sigma_u}{\sqrt{\Sigma_0}}$ sind. Im Gleichgewicht beläuft sich der erwartete Handelsgewinn des Insiders auf

$$E(\pi) = \frac{1}{2}\sigma_u\sqrt{\Sigma_0}.$$

$X$ und $P$ werden im Gleichgewicht ausschließlich durch exogene Größen bestimmt. Der erwartete Gewinn des Insiders steigt im camouflierenden Noise sowie der Streuung des künftigen Werts der Aktie.

Darüber hinaus definiert Kyle (1985) die Preisinformativität $\Sigma_1$ als die Residualvarianz des künftigen Liquidationserlöses des Vermögenswerts, die nicht durch den Preis erklärt werden kann. Es gilt:

$$\Sigma_1 \equiv var(v|P) = \frac{\Sigma_0}{2}.$$

Der Preis enthält die Hälfte der privaten Information des Insiders. Das realisierte Noisetrading dagegen beeinflusst den Informationsgehalt des Preises nicht.

Als ein Maß der Marktliquidität führt Kyle (1985) die Markttiefe $\frac{1}{\lambda}$ als Inverse der Nachfragesensitivität des Preises ein. Markttiefe beschreibt in diesem Zusammenhang das Handelsvolumen, das notwendig ist, um den Preis um eine Geldeinheit zu verändern. Durch den *relativen Noise*[3] $\left(\frac{2\sigma_u}{\sqrt{\Sigma_0}}\right)$ determiniert, zeichnet sich ein tiefer Markt demnach durch die Fähigkeit aus, Nachfragen ohne signifikante Preisänderungen aufnehmen zu können. Somit

---

[3] Hirth (1999, S. 86) definiert den relativen Noise als das Verhältnis des absoluten Noises zur Ungenauigkeit der öffentlichen Information über den unsicheren Payoff.

steigt der erwartete Handelsgewinn des Insiders in der Tiefe des Marktes, da dieser so aggressiver handeln kann.

Die vorliegende Arbeit nutzt ein Kyle-Setup zur Bestimmung des Gleichgewichts im sekundären Markt. Dabei wird der Grundgedanke unlimitierter Nachfragen übernommen und unterstellt, dass die Nachfragemengen unabhängig vom Preis gebildet werden. Als Erweiterung zum einfachen Kyle-Modell existieren in dieser Arbeit im Sekundärmarkt zwei informierte Trader. Darüber hinaus wird die Annahme perfekter Information bei ebendiesen Informierten gelockert und eine unvollkommene sowie asymmetrische Informationsstruktur unterstellt. Dem Kyle-Modell vorangestellt wird zudem eine Stufe mit endogener Informationsbeschaffung, sodass die privaten Informationen bei der Öffnung des Sekundärmarktes als gegeben betrachtet werden können.

Die auf Kyle (1985) aufbauenden Arbeiten befassen sich vorrangig mit Argumenten für oder gegen die Regulierung von Insiderhandel beziehungsweise mit Instrumenten der Regulierung. Von besonderer Relevanz ist dabei das Modell von Fishman und Hagerty (1992). Zur Diskussion stellen sie das Argument, dass Insiderhandel die Effizienz von Preisen erhöht. Die Autoren zeigen unter anderem, dass Insiderhandel den Anreiz zur privaten Informationsbeschaffung unter konkurrierenden Tradern schwächt und damit die Preiseffizienz reduziert. Dabei erweitern Fishman und Hagerty (1992) das Kyle-Modell insofern, als dass die privaten Signale der Trader von unterschiedlicher Qualität sind. Private Signale über künftige Payoffs werden durch asymmetrische Störterme ergänzt. Dadurch gelingt es den Autoren, einen Verdrängungseffekt auf weniger gut informierte Akteure (Outsider) durch besser informierte Insider darzustellen. Das Zustandekommen der Verdrängung hängt im Modell davon ab, ob Insiderhandel erlaubt oder verboten ist. Somit dient das Modell der Erklärung der Effekte des Insiderhandels auf das Informationsbeschaffungsverhalten anderer Trader. Für die vorliegende Arbeit spielen Informationsasymmetrien und der resultierende Verdrängungseffekt eine zentrale Rolle.

Aus Informationsasymmetrien erwächst zudem das Problem der adversen Selektion, welche wiederum die Hauptursache von Illiquidität auf Finanzmärkten darstellt. Wie Kyle (1985) und Easley und O'Hara (1987) festhalten, werden derartige Liquiditätseffekte von Preisreaktionen auf informierte Trades abgebildet. Adverse Selektion und Liquiditätseffekte zielen in diesen Arbeiten vorrangig auf den Sekundärmarkt ab. Insiderhandel muss jedoch nicht zwangsläufig nur den Sekundärmarkt betreffen. Nach Rock (1986) spielen Preiseffekte infolge von Informationsasymmetrien bereits im Rahmen von Anteilsemissionen, das heißt im Primärmarkt, eine wichtige Rolle.

Das Grundprinzip von Rock (1986) lässt sich wie folgt vereinfacht darstellen: Ein fester Anteil von Marktteilnehmern, eine Gruppe von Insidern, kennt den künftigen Wert der neu emittierten Aktien. Der Aktienkurs wird mit einer bestimmten Wahrscheinlichkeit steigen und entsprechender Gegenwahrscheinlichkeit fallen. Mangels Kenntnis über die tatsächliche Entwicklung bilden die uninformierten Investoren ihre Erwartung über den künftigen Aktienwert. Insider fragen die Anteile nur dann nach, wenn der Kurs steigen wird. Fällt der Kurs hingegen, so fragen sie keine Aktien nach. Die Uninformierten kaufen Anteile, solange ihr erwarteter Gewinn positiv ist. Aus dem Anteil der Insider am Markt ergeben sich die Zuteilungsquoten der Aktien. Kommt es nun zu einer guten Emission, so partizipieren die Insider gemäß ihrer Zuteilungsquote an den Gewinnen und verdrängen (teilweise) die uninformierten Investoren. Im Falle einer schlechten Emission tragen die Uninformierten die Verluste jedoch allein, da sich die Insider aus dem Markt zurückziehen. Diese asymmetrische Partizipation an Gewinnen und Verlusten drückt sich in einem Abschlag im Ausgabepreis aus. Uninformierte Investoren antizipieren ihren Nachteil gegenüber den Insidern. Ihre Zahlungsbereitschaft sinkt und es kommt zu einem *Ex-ante-Underpricing*.

Hinsichtlich der tatsächlichen Ursachen des Underpricings existiert eine breite empirische Literaturbasis. Zu diesen Ursachen zählen beispielsweise von Primärmarktinvestoren antizipierte adverse Selektion und die damit verbundene, drohende Illiquidität im Sekundärmarkt. Dieser Zusammenhang ist bislang jedoch noch relativ wenig erforscht. Einen empirischen Beleg liefern Ellul und Pagano (2006). Mit einem Datensatz zu IPOs in Großbritannien stellen die Autoren fest, dass Informationsasymmetrien beziehungsweise die daraus entstehende Illiquidität im Folgemarkt das Underpricing im Primärmarkt verschärft. Als Maß für den Informationsgehalt eines Preises ziehen die Autoren die Wahrscheinlichkeit für informierten Handel (Englisch: probability of informed trading; kurz: *PIN*) heran. Eine höhere PIN bedeutet, dass der Informationsgehalt des Preises eher durch private als durch öffentliche Informationsquellen gespeist wird. Dieser Zusammenhang soll im vorliegenden Modell berücksichtigt werden. Ausgehend vom Problem der antizipierten adversen Selektion infolge informierten Handels, wird Rocks Grundidee des Underpricings in Form eines Preis- beziehungsweise Liquiditätsabschlags in dieser Arbeit übernommen und fließt in das Kalkül des betrachteten Entscheiders ein.

## 2.2 Lernen aus Preisen und Informational Feedback

Neben der bereits erwähnten Endogenisierung der Informationsbeschaffung vor der Eröffnung des Sekundärmarktes, wird zudem der Lernmechanismus aus Preisen modelliert. Die Idee, dass Aktienpreise die im Markt weit verstreuten Informationen aggregieren und reflektieren, ist mindestens 70 Jahre alt. Hayek (1945) diskutiert die Bedeutung von Preisen als eine Quelle von Informationen und als Kommunikationsmedium für Entscheidungsträger. Auf dieser Grundlage modellieren Grossman und Stiglitz (1980) sowie erwähnter Kyle (1985) den Aktienmarkt als eine Plattform zur Produktion und Aggregation von Informationen.

Über die Analyse der Preiseffizienz in Fishman und Hagerty (1992) hinaus befassen sich Dow und Gorton (1997) mit dem Zusammenhang zwischen Preiseffizienz und gesamtwirtschaftlicher Effizienz. Die Autoren berücksichtigen, dass Trader einen Informationsvorsprung gegenüber Managern hinsichtlich Investitionen haben können. Damit schlagen sie eine Brücke zwischen informiertem Handel, Preiseffizienz und Investitionsentscheidungen. Ähnlich argumentieren Subrahmanyam und Titman (1999), dass Preise Managern als Informationsquelle helfen können, da sie Informationen über künftige Produktnachfragen enthalten. Konkret untersuchen Subrahmanyam und Titman (1999) die Wirkung der Preiseffizienz auf die Entscheidung zwischen privater und öffentlicher Finanzierung einer Investition. Für seine Investition lernt der Manager in diesen Modellen jedoch ausschließlich aus dem Preis. Es erscheint angebracht, zu unterstellen, dass Manager gleichzeitig auch private Informationen zur Steuerung ihrer Realentscheidungen beschaffen.

In dieser Form gestaltet sich die Informationsstruktur grundsätzlich in Khanna et al. (1994). Die Ressourcenallokation eines Managers hängt in diesem Modell von privaten und öffentlichen Informationen im relevanten Preis ab. Mit Insiderhandel kann der Manager die Informationsbeschaffung von Outsidern und damit den Informationsgehalt des Preises beeinflussen. Khanna et al. (1994) finden heraus, dass ein Entrepreneur in diesem Setup vom Insiderhandel durch seinen Manager profitieren kann, während dies gesamtwirtschaftlich hingegen schädlich ist. Entrepreneure und Gesetzgeber unterscheiden sich folglich in ihrer Position hinsichtlich des Verbots von Insiderhandel.

Aktuellere Aufsätze bezeichnen den Lerneffekt aus Preisen als Informational-Feedback-Effekt und befassen sich mit sehr unterschiedlichen Fragestellungen. Diese reichen von den wohlfahrtsökonomischen Wirkungen des Insiderhandels (siehe z.B. Dow und Rahi, 2003), über die Strategieentwicklung (siehe z.B. Dye und Sridhar, 2002) und Ausgestaltung der Corporate Governance (siehe z.B. Ferreira et al., 2011) bis hin zur Analyse der Anreize zur Koordination unter informierten Tradern (siehe z.B. Ozdenoren und Yuan, 2004).

Aus Sicht eines Unternehmens haften dem Informational-Feedback-Effekt nicht ausschließlich positive Wirkungen an. Hirshleifer et al. (2006) zeigen, dass irrationale Handelsstrategien bei Existenz eines Informational-Feed-back-Effekts aus Preisen zu nachhaltigen Handelsgewinnen führen können. Das bedeutet, dass irrationaler Handel Preise und damit Realentscheidungen auf Dauer zu beeinflussen vermag.

Nach Khanna und Sonti (2004) erschwert es der Informational-Feedback-Effekt großen Investoren, ihre Nachfragen zu platzieren, da diese einen starken Einfluss auf Preise haben, welche wiederum die Investitionsentscheidungen beeinflussen. Dies verkompliziert das Kalkül großer Investoren erheblich. Im Ergebnis führt das zu Anreizen zur Preismanipulation durch die betroffenen Investoren.

Ebenso kann es dazu kommen, dass der Informational-Feedback-Effekt Spekulanten dazu anreizt, Aktienpreise durch uninformierte Verkäufe gezielt zu manipulieren. In einem speziellen Szenario zeigen Goldstein und Guembel (2008), dass der Spekulant einen Vorteil aus seiner Uninformiertheit generieren und so vom Sekundärmarkthandel profitieren kann.

Mit der Produktion von Informationen, die von Preisen aggregiert werden, befassen sich Dow et al. (2011). Das Modell zeigt, dass der Anreiz der Spekulanten zur Informationsproduktion über die Investitionen eines Unternehmens mit der Wahrscheinlichkeit steigt, dass dieses auch tatsächlich investieren wird. Der daraus entstehende Verstärkungseffekt kann dazu führen, dass kleine Änderungen im Marktumfeld (unverhältnismäßig) starke Reaktionen der Investitionsentscheidungen hervorrufen.

Auch in jüngster Vergangenheit wurden einige modelltheoretische Abhandlungen zum Informational-Feedback-Effekt veröffentlicht. Goldstein et al. (2013) stellen fest, dass das Feedback aus Preisen zu einem Kaufrausch unter informierten Spekulanten führen kann. Das Modell betrachtet die Investitionsentscheidung eines Kapitalgebers, der gleichzeitig aus einem privaten Signal und dem Preis der gehandelten Investition lernt. Die Effizienz der Investitionsentscheidung hängt maßgeblich davon ab, wie stark die Spekulanten, die für die Investition relevante Informationen produzieren, kooperieren. Die strategische Interaktion der Spekulanten kann zweierlei Formen annehmen. Einerseits strebt ein einzelner Spekulant an, sich von der Masse zu differenzieren, wenn deren Handlungen zu einer Reduktion des eigenen Handelsgewinns führen. Andererseits kann jedoch der Informational-Feedback-Effekt dazu führen, dass Handlungen der Masse von Spekulanten den Wert der gehandelten Investition so beeinflussen, dass der einzelne Spekulant angereizt wird, gleichermaßen zu handeln. In letzterem Fall kommt es zu einem Kaufrausch der Spekulanten, welcher einen hohen Druck auf den Preis ausübt. Aus diesen zwei gegenläufigen Anreizen leiten Goldstein et al. (2013) ein optimales Koordinationslevel der Spekulanten ab, das die Investitionseffizienz des Kapitalgebers maximiert.

Goldstein und Yang (2014a) nutzen den Informational-Feedback-Effekt zur Erklärung des Zusammenhangs beziehungsweise auch des Unterschieds zwischen den Konzepten der Markteffizienz und der Effizienz von Realentscheidungen (im Folgenden: Realeffizienz). Markteffizienz definieren die Autoren dabei als ein Maß dafür, wie informativ herrschende Marktpreise hinsichtlich der zukünftigen Entwicklungen der gehandelten Vermögenswerte sind (vgl. Goldstein und Yang, 2014a, S. 1). Informative Preise wiederum führen zu besseren Real- beziehungsweise Investitionsentscheidungen. Das heißt, sie erhöhen die Realeffizienz. Ähnlich wie Goldstein et al. (2013) analysiert dieses Modell die Investitionsentscheidung eines Kapitalgebers bei Existenz des Informational-Feedback-Effekts.

Einen positiven Zusammenhang zwischen Markt- und Realeffizienz finden Goldstein und Yang (2014a) über den *externality channel* (Deutsch: Kanal der Externalitäten), jedoch nur unter bestimmten Bedingungen. Neben dem offensichtlichen, positiven Effekt eines informativeren Preises auf das Lernen und die Realentscheidung des Kapitalgebers kommt es gleichzeitig zu einer negativen Externalität. Ein informativerer Preis verleitet den Kapitalgeber dazu, seine private Information nicht auszuschöpfen und sich stattdessen übermäßig auf das Feedback des Preises zu verlassen. Es kommt zu einer gesamtwirtschaftlich ineffizienteren Investitionsentscheidung. Folglich wirkt sich eine höhere Markteffizienz nur dann positiv auf die Realeffizienz aus, wenn die positive die negative Externalität dominiert.

Überdies führen die Autoren den *(mis)match channel* (Deutsch: Kanal der (Nicht-)Übereinstimmung) ein. Dieser basiert im Wesentlichen auf der grundlegende Abgrenzung der Begriffe der Markt- und Realeffizienz. Der Kapitalgeber ist grundsätzlich bestrebt, über für ihn neue Informationen aus dem Preis zu lernen. Die Preisinformativität und damit die Markteffizienz können jedoch auch aufgrund eines höheren Informationsgehalts hinsichtlich eines Faktors steigen, über den der Kapitalgeber bereits privat informiert ist. Aus Sicht des Kapitalgebers leidet die Realeffizienz mit einem sinkenden Anteil für ihn neuer Informationen im Preis. Demnach sind Markt- und Realeffizienz nur dann positiv miteinander verknüpft, wenn die Informationen im Preis mit jenen übereinstimmen, die der Kapitalgeber zu lernen anstrebt. In ähnlicher Form spielt insbesondere letzterer Gedanke auch in der vorliegenden Arbeit eine wichtige Rolle.

Das vorliegende Modell behandelt die Informationsbeschaffung eines Entscheidungsträgers bei gegebener Investitionsmöglichkeit. Damit spielt der erläuterte Informational-Feedback-Effekt eine zentrale Rolle. Bei vollständiger Konzentration der Informationsbeschaffung auf Preise besteht jedoch die Gefahr, dass Informationen über unternehmensinterne Risikoquellen auf der Strecke und Informationsasymmetrien bestehen bleiben. Effiziente Investitionen durch die Beobachtung von Preisen kann folglich nicht das alleinige Ziel eines Unternehmens sein. Die mit Informationsasymmetrien einhergehenden Liquiditätskosten im Primärmarkt stellen einen Anreiz dar, selbstständig private Informationen zu beschaffen, um adverser Selektion im

Folgemarkt entgegen zu wirken. Diesem Trade-off nehmen sich bereits einige Ansätze in der Literatur an.[4]

Zum empirischen Beleg der Wirkungen des Informational-Feedback-Effekts auf Investitionsentscheidungen existieren ebenfalls einige Arbeiten. So studiert Luo (2005) den Lernmechanismus aus Preisen im Zusammenhang mit Mergers & Acquisitions. Die Ergebnisse zeigen, dass ein abnormal hoher Kursverlust infolge einer Übernahmeankündigung die Wahrscheinlichkeit für eine Absage der Akquisition signifikant erhöht. Dieser Effekt fällt umso stärker aus, je mehr der Unternehmenskäufer aus Preisen lernen kann. Unternehmen scheinen Informationen aus der Reaktion des Marktes auf die Übernahmeankündigung zu generieren und diese anschließend bei der tatsächlichen Investitionsentscheidung zu berücksichtigen. Das impliziert, dass Unternehmen einen höheren Anreiz zur Beobachtung von Preisen haben, je stärker der Markt reagiert, das heißt je mehr neue Informationen im Markt aggregiert und reflektiert werden.

Chen et al. (2007) führen ebenfalls einen empirischen Beweis für die These an, dass Manager ihre Investitionsentscheidungen stark von Preisen beeinflussen lassen. Dabei testen sie den Zusammenhang zwischen dem Informationsgehalt des eigenen Preises eines Unternehmens und der Preissensitivität seiner Investitionen, die zum Beispiel stellvertretend über das gesamte Investitionsvolumen gemessen werden. Die Preisinformativität messen die Autoren über zweierlei Variablen. Die *Preisasynchronität* (Englisch: price nonsynchronicity) ergibt sich aus der Korrelation der Rendite der betrachteten Aktie und derer des gesamten Marktes. Weichen die Renditen stark vonei-

---

[4] Dem wirken Unternehmen typischerweise aktiv durch die Offenlegung von Informationen entgegen, um den Informationsvorsprung von Insidern beziehungsweise Spekulanten zu beseitigen. Die englischsprachige Literatur spricht in diesem Zusammenhang vom *leveling-the-playing-field* durch Offenlegung. Die Wirkung der Offenlegung auf die Investitionseffizienz und die Liquiditätskosten wird in Abschnitt 2.3 literaturbasiert angeschnitten.

nander ab, so scheint der konkrete Aktienpreis mehr unternehmensspezifische als allgemeingültige Marktinformationen zu enthalten. Darüber hinaus nutzen die Autoren die Wahrscheinlichkeit informierten Handels (PIN, siehe oben) zur Messung der Preisinformativität. Sowohl hinsichtlich der Preisasynchonität als auch der PIN ermitteln Chen et al. (2007) starke positive Korrelationen mit der Preissensitivität der Investitionen.

Vom Informational-Feedback aus dem eigenen Aktienkurs ist das Lernen aus den Preisen der Peers abzugrenzen. Als Peers werden solche Unternehmen bezeichnet, die hinsichtlich bestimmter Merkmale (z.B. Branche, Tätigkeitsfeld und Größe) vergleichbar sind mit dem betrachteten Unternehmen. Auch zu dieser analogen Lernhypothese existiert bereits ein empirischer Nachweis. So stellen Ozoguz und Rebello (2013) fest, dass Investitionen bezüglich Änderungen im Peer-Preis, gemessen über ein modifiziertes *Tobin's Q*[5], eine positive Sensitivität aufweisen. Daraus folgern die Autoren, dass insbesondere die Investitionspolitik von Unternehmen auf Änderungen der Marktbewertung des Peers reagiert. Ferner zeigen Ozoguz und Rebello (2013), dass dieser Zusammenhang grundsätzlich unabhängig vom Informationsgehalt des eigenen Aktienkurses des investierenden Unternehmens ist.

Foucault und Fresard (2014) ermitteln einen Anstieg des Investitionsvolumens um 5,9 Prozent als Reaktion auf eine erhöhte Standardabweichung der Peer-Marktbewertung um ein Prozent. Die Marktbewertung als Stellvertreter für den Preis des Peers messen die Autoren ebenfalls mit Tobin's Q. Darüber hinaus ist die Peer-Preissensitivität der Investitionen eines Unternehmens etwa halb so hoch wie die Sensitivität bezüglich der eigenen Marktbewer-

---

[5] Tobin's Q ist ein Maß zur Unternehmensbewertung. Dabei werden der Marktwert des Unternehmens und der Wiederbeschaffungswert sämtlicher Vermögenswerte ins Verhältnis gesetzt. Ein Wert von größer (kleiner) als eins drückt eine Überbewertung (Unterbewertung) aus. Für diese konkrete Definition des Q siehe Tobin und Brainard (1977).

tung. Agieren das betrachtete und das Peer-Unternehmen nicht länger im selben Markt oder Produktraum, so schwindet auch die Peer-Preissensitivität der Investitionen.

Die vorliegende Arbeit befasst sich vorrangig mit dem Lernen aus eigenen Aktienkursen, ist jedoch durch eine einfache Veränderung des Setups auf die sogenannte *Learning-from-Peers-Hypothese* anwendbar. Eine mögliche Modifikation des Grundmodells wird in Abschnitt 6.3 diskutiert.

## 2.3    Informational Feedback und der Trade-off

Ein Trade-off aus Investitionseffizienz und Liquiditätskosten kann verschiedene Ursachen haben. Im vorliegenden Modell resultiert er aus der Informationsbeschaffung und dem Insiderhandel eines Investitionsentscheiders und ist damit auf den Informational-Feedback-Effekt des Preises zurückzuführen. Mit einem Modell zur optimalen Offenlegungspolitik eines Unternehmens stellen Gao und Liang (2013) ebendiesen Trade-off unter Einbezug des Informational-Feedback-Effekts dar. Insofern besteht ein enger Bezug der vorliegenden Arbeit zu Gao und Liang (2013).

Das Modell umfasst vier Zeitpunkte (t=1 bis t=4). In t=1 wählt das Unternehmen, bestehend aus einem Vermögenswert und einer *Growth Opportunity* (Investition), die optimale Offenlegungsstrategie. Anschließend öffnet der Primärmarkt und das Unternehmen emittiert Anteile. In t=2 beschafft ein Spekulant private Informationen über künftige Cashflows mit einer endogenen Präzision. Primärmarktinvestoren erleiden einen Liquiditätsschock und müssen handeln. Der Sekundärmarkt öffnet und der Spekulant, uninformierte Investoren (Noisetrader) und ein Market-Maker interagieren in einem Kyle-Setup. Der Spekulant erzielt einen Handelsgewinn zu Lasten der Primärmarktinvestoren. Ihren Verlust erwartend, diskontieren die Investoren den Ausgabepreis der Aktien im Primärmarkt. Der Preisabschlag korrespondiert zu Liquiditätskosten des emittierenden Unternehmens. Außerdem stellt sich im Rahmen des Sekundärmarkthandels der gleichgewichtige Preis ein.

In t=3 beobachtet das Unternehmen diesen Preis (Informational-Feedback-Effekt) und wählt sein optimales Investitionsvolumen, ehe in t=4 die Cashflows realisiert werden.

Das Kalkül des Unternehmens in t=1 hängt maßgeblich von der endogenen Informationsbeschaffung und -preisgabe des Spekulanten ab. Im Gegensatz zum Spekulanten, lernt das Unternehmen mit einer exogenen Wahrscheinlichkeit entweder perfekte oder gar keine Informationen über zukünftige Cashflows. Ausgehend vom Ziel der Unternehmenswertmaximierung lässt sich folgende Zielfunktion formulieren:

$$V_0 \equiv E(A) + \Psi - \Pi - W.$$

$E(A)$ steht für den erwarteten Cashflow des Vermögenswerts, $\Psi$ für den erwarteten Netto-Cashflow der Growth Opportunity und $\Pi$ für die erwarteten Liquiditätskosten, während $W$ die Kosten der Offenlegung beschreibt. $V_0$ setzt sich demnach aus dem erwarteten Cashflow des Unternehmens $E(A)$ + $\Psi - W$ abzüglich eines Liquiditätsabschlags $\Pi$ der Primärmarktinvestoren zusammen (vgl. Gao und Liang, 2013, S. 11). Die Maximierung dieser Funktion erfolgt über die Offenlegungsstrategie $\beta$ im Zeitpunkt t=1. Im Rahmen der Optimierung lässt sich ein Effekt auf die Informationsbeschaffung des Spekulanten identifizieren: Durch Offenlegung des Unternehmens reduziert der Spekulant seine private Informationsbeschaffung (vgl. Gao und Liang, 2013, S. 11, Lemma 2).

In Antizipation des Informational-Feedback-Effekts in t=3 sieht sich das Unternehmen bei der Wahl seiner optimalen Offenlegungsstrategie in t=1 einem Trade-off aus Investitionseffizienz und Liquiditätskosten gegenüber. Durch die Offenlegung von Informationen nimmt das Unternehmen dem Spekulanten (teilweise) dessen Informationsvorteil. Infolgedessen handelt der Spekulant konservativer, was die Effekte des Trade-offs begründet. Die Liquiditätskosten des Unternehmens sinken aufgrund reduzierter erwarteter Handelsgewinne des Spekulanten auf Kosten der Investoren. Gleichzeitig sinkt jedoch der Informationsgehalt des Preises, da der Spekulant weniger beziehungsweise qualitativ schlechtere Informationen preisgibt (vgl. Gao und Liang, 2013, S. 12, Proposition 1).

Gao und Liang (2013) zeigen die Existenz einer optimalen Offenlegungsstrategie in Abhängigkeit der Stärke $g$ des Informational-Feedback-Effekts. Je nach Stärke des Feedbacks, sind es Liquiditäts- oder Investitionsmotive, die das Unternehmen zu einer aggressiveren oder vorsichtigeren Offenlegungsstrategie motivieren.

Ebenfalls im Rahmen eines Modells zur Offenlegungsstrategie eines Unternehmens endogenisieren Han et al. (2014) die Nachfrage liquiditätsgetriebener, uninformierter Trader mit dem Ergebnis, dass Offenlegung die Marktliquidität erhöht. Dies lockt Liquiditätstrader an, deren uninformierter Handel die Preisinformativität herabsetzt. Dieser Effekt auf die Preiseffizienz schlägt sich in einem negativen Effekt auf die Effizienz von Realentscheidungen nieder. Es kommt zu einem Trade-off zwischen Marktliquidität und der Effizienz von Realentscheidungen.

Der Trade-off muss jedoch nicht zwangsläufig in Zusammenhang mit der Offenlegungspolitik eines Unternehmens entstehen. So zeigen Foucault und Gehrig (2008), dass der Trade-off aus der Entscheidung über die Zweitnotierung (Englisch: cross-listing) der Unternehmensanteile erwachsen kann. Die Zweitnotierung reizt Spekulanten zur privaten Informationsbeschaffung an. Das stärkt das Feedback aus dem Preis aufgrund erhöhter Preisinformativität und das Unternehmen lernt präzisere Informationen aus dem Markt. Hingegen gewinnen die Spekulanten mit besserer Information im Erwartungswert mehr zu Lasten der Primärmarktinvestoren. Folglich ist der Liquiditätsabschlag bei der Emission der Anteile im Falle einer Zweitnotierung höher.

Einen empirischen Beleg für das Modell liefern Foucault und Fresard (2012) mit einer Studie in den USA. Neben der wesentlichen Erkenntnis, dass die

Investitionen von Unternehmen mit Zweitnotierung preissensitiver sind, stellen die Autoren weiterhin fest, dass eine Zweitnotierung die Preisinformativität und damit den Informational-Feedback-Effekt stärkt. Daher erweist sich das Vertrauen der Manager gegenüber Informationen aus Preisen als stärker, wenn das Unternehmen zweitnotiert ist. Die Autoren betrachten in ihrer Analyse sowohl Tobin's Q als auch das Verhältnis von Kapitalaufwand zu gehaltenen Vermögenswerten und vergleichen die Ergebnisse von zweitnotierten und nicht zweitnotierten Unternehmen.

Das vorliegende Modell entwickelt, ausgehend von einer ähnlichen Zielfunktion, ebenfalls den Trade-off zwischen der Investitionseffizienz und den Liquiditätskosten eines Entscheiders, dessen Ursache in der Existenz des Informational-Feedback-Effekts liegt. Während die exogen gegebenen Informationen des Entscheiders in den erwähnten Ansätzen über Instrumente der Unternehmensführung in den Markt fließen und der Informationsrückfluss aus dem Feedback der Preise resultiert, basiert der endogene Informationsfluss in diesem Modell in beiden Richtungen auf Preisen. Der Trade-off des Modells wurzelt entsprechend nicht in einer Offenlegungsstrategie oder Zweitnotierung, sondern in der endogenen, privaten und öffentlichen Informationsbeschaffung eines Investitionsentscheidungsträgers sowie der Preisgabe der Informationen durch Sekundärmarkthandel. Ein enger Bezug besteht zum Thema der Offenlegung. Durch Offenlegung strebt ein Unternehmen die Auflösung von Informationsasymmetrien im Markt an. Der Informationsvorteil von Spekulanten soll beseitigt werden, sodass adverse Selektion und Marktilliquidität vermieden werden. Die gezielte Einarbeitung von unternehmensseitigen Insiderinformationen in den Preis verfolgt ebenfalls dieses Liquiditätsziel. Dabei wird jedoch nicht auf die Beseitigung von Informationsasymmetrien abgezielt. Vielmehr werden diese sogar ausgenutzt, um durch die Platzierung von Insidernachfragen im Sekundärmarkt einen Wettbewerbsdruck auf informierte Spekulanten aufzubauen. Unter Konkurrenz fallen Gewinne bekanntermaßen geringer aus. Damit zeigt die vorliegende Arbeit, dass der Trade-off bereits aus der Informationsbeschaffung eines Unternehmers entstehen kann.

Das Modell ist auch insofern von der aufgeführten Literatur abzugrenzen, als dass diese Arbeit die Informationsbeschaffung des Entscheidungsträgers anstelle des Spekulanten endogenisiert. Im Gegensatz zu den vorangegangenen Arbeiten können die Teileffekte des Trade-offs somit nicht aus einer reduzierten Informationsbeschaffung des Spekulanten, sondern einzig aus dessen teilweiser Verdrängung aus dem Sekundärmarkthandel bei gegebener Informationsqualität entstehen.

## 2.4 Literaturüberblick

In diesem Abschnitt wird die vorgestellte Literatur zusammenfassend in Tabellenform dargestellt. Es sei an dieser Stelle noch einmal darauf hingewiesen, dass sich der Literaturüberblick zum Insiderhandel ausschließlich auf die für diese Arbeit besonders relevanten Modelle beschränkt. Da bereits sehr ausführliche Literaturüberblicke zu diesem Thema bestehen, wird lediglich auf diese verwiesen. Vielmehr konzentrierte sich die Literaturrecherche auf das Lernen aus Preisen und insbesondere die Effekte des Informational-Feedback-Effekts. In der nachstehenden Tabelle sind die erwähnten Quellen, nach ihren Themengebieten geordnet, einschließlich einer Kurzfassung der relevanten Intention(en) aufgelistet. Ferner nennt die Tabelle Quellen zur empirischen Motivation.

Tabelle 1: Literaturüberblick

| Themengebiet<br>Quelle | Relevante Intention(en) /<br>Untersuchungsgegenstand |
| --- | --- |
| **Insiderhandel** | |
| Kyle (1985) | Existenz eines Gleichgewichts mit einem perfekt informierten Insider; Effekte auf Preisinformativität, Marktliquidität (insbesondere Markttiefe) und Handelsgewinn des Insiders |
| Fishman und Hagerty (1992) | Asymmetrisch informierte Trader mit gestörten, privaten Signalen; Verdrängungseffekt auf weniger gut informierte Akteure (Outsider) durch besser informierte Insider |
| Rock (1986) | Informationsasymmetrien im Primärmarkt führen zu asymmetrischer Partizipation an Gewinnen und Verlusten; Antizipation des Nachteils durch uninformierte Investoren führt zu *Ex-ante-Underpricing* (Liquiditätsabschlag) bei IPO |
| | Ausführlicher Literaturüberblick in Niehoff (2011) |
| *Empirische Motivation:* | *Carlton und Fishel (1983), Masson und Madhavan (1991), Easley et al. (2002), Ellul und Pagano (2006)* |

| Themengebiet<br>Quelle | Relevante Intention(en) /<br>Untersuchungsgegenstand |
|---|---|

**Lernen aus Preisen und Informational-Feedback-Effekt**

| | |
|---|---|
| Khanna et al.<br>(1994) | Insiderhandel durch Manager beeinflusst Informations-produktion im Markt und Informationsaggregation in Preisen; Feststellung divergierender Positionen hinsichtlich des Verbots von Insiderhandel bei Entrepreneuren und Gesellschaft |
| Dow und Gorton (1997) | Zusammenhang zwischen Preiseffizienz und gesamtwirtschaftlicher Effizienz unter Berücksichtigung von Informationsvorteilen von Tradern gegenüber Managern mit Investitionsmöglichkeit |
| Subrahmanyam und Titman (1999) | Wirkung der Preiseffizienz auf Finanzierungsentscheidung hinsichtlich Investition beziehungsweise Börsengang |
| Dye und Sridhar (2002) | Bedeutung des Informational-Feedback-Effekts bei der Entscheidung über Strategiewechsel beziehungsweise -beibehalt |
| Dow und Rahi (2003) | Effekte auf Investitionsentscheidungen sowie wohlfahrtsökonomische Wirkung von Insiderhandel bei Existenz des Informational-Feedback-Effekts |
| Khanna und Sonti (2004) | Informational-Feedback-Effekt erschwert Platzierung von Nachfragen großer Investoren, was zu Preismanipulation und schlussendlich zur Beeinflussung von Realentscheidungen führt |

| Themengebiet Quelle | Relevante Intention(en) / Untersuchungsgegenstand |
|---|---|
| Ozdenoren und Yuan (2004) | Identifikation der Anreize zur Abstimmung und Koordination unter informierten Tradern infolge der Präsenz des Informational-Feedback-Effekts |
| Hirshleifer et al. (2006) | Irrationale Handelsstrategien können aufgrund des Informational-Feedback-Effekts zu langfristigen Handelsgewinnen führen und Preise sowie Realentscheidungen beeinflussen |
| Goldstein und Guembel (2008) | Informational-Feedback-Effekt kann zu gezielter Preismanipulation durch Spekulanten anreizen; uninformierte Aktienverkäufe veranlassen Unternehmen, Investitionen nicht durchzuführen und reduzieren somit den Unternehmenswert |
| Dow et al. (2011) | Anreiz zur Produktion von Informationen durch Spekulanten steigt in der Wahrscheinlichkeit, dass das Unternehmen investieren wird; Verstärkung der Reaktion von Investitionsentscheidungen auf Änderungen im Marktumfeld |
| Ferreira et al. (2011) | Wirkung des Informational-Feedback-Effekts auf das Design der Corporate Governance; Identifikation einer negativen Wirkung der Preisinformativität auf die Unabhängigkeit des Aufsichtsrats |
| Goldstein et al. (2013) | Koordination unter Spekulanten infolge der Existenz eines Informational-Feedback-Effekts aus Preisen; Effekt sich entwickelnder Kaufräusche auf Realinvestitionen |

| Themengebiet<br>Quelle | Relevante Intention(en) /<br>Untersuchungsgegenstand |
|---|---|
| Goldstein und<br>Yang (2014a) | Zusammenhang und Unterschied zwischen Markteffizienz und Realeffizienz bei Existenz des Informational-Feedback-Effekts |
| *Empirische*<br>*Motivation:* | *Luo (2005), Chen et al. (2007), Ozoguz und Rebello (2013), Foucault und Fresard (2014)* |

**Informational-Feedback-Effekt und der Trade-off**

| | |
|---|---|
| Foucault und<br>Gehrig (2008) | Zweitnotierung verbessert Lerneffekt aus dem Preis bezüglich neuer Investitionen; Zweitnotierung führt bei Existenz des Informational-Feedback-Effekts somit zu besseren Investitionsentscheidungen und gleichzeitig zu einem Liquiditätsabschlag im Primärmarkt |
| *Empirische*<br>*Motivation:* | *Foucault und Fresard (2012)* |
| Gao und Liang<br>(2013) | Existenz einer optimalen Offenlegungspolitik, determiniert durch einen Trade-off aus Liquiditätskosten im Primärmarkt und Investitionseffizienz; Trade-off durch simultane Berücksichtigung von adverser Selektion im Sekundärmarkt und Informational-Feedback-Effekt aus Preisen |
| Han et al.<br>(2014) | Offenlegung stimuliert Marktliquidität und zieht somit Liquiditätstrader an, welche aufgrund uninformierter Nachfragen die Preisinformativität reduzieren; Identifikation eines Trade-offs aus Marktliquidität und Preiseffizienz beziehungsweise Realeffizienz |

# 3 Das Modell

In diesem Kapitel wird das Modell dieser Arbeit vorgestellt. Im Zuge dessen wird zunächst die Timeline der Ereignisse veranschaulicht und erläutert. Anschließend werden die zwei wesentlichen Positionen des betrachteten Entscheiders spezifiziert. Der letzte Teilabschnitt beschreibt die Informationsstruktur unter den Marktteilnehmern.

## 3.1 Timeline

Das Modell umfasst sowohl vier unterschiedliche Typen risikoneutraler Akteure als auch vier Zeitpunkte. Die nachstehende Tabelle illustriert die Timeline der Ereignisse.

Tabelle 2: Timeline der Ereignisse

| Zeitpunkt t=0 | t=1 | t=2 | t=3 |
|---|---|---|---|
| Entrepreneur wählt optimale Präzision seines privaten Signals; Öffnung Primärmarkt und IPO mit Vermögenswert | Spekulant und Entrepreneur lernen private Signale; Liquiditätsschock wird realisiert; Handel im Sekundärmarkt findet statt | Entrepreneur beobachtet Aktienkurs und trifft Investitionsentscheidung | Cashflows des Vermögenswerts und der Investition werden realisiert |

In t=0 existiert ein Entrepreneur mit einem Vermögenswert, der öffentlich gehandelt wird, und einer sich bietenden Investitionsmöglichkeit, die zwar mit dem Vermögenswert verknüpft ist, jedoch nicht öffentlich gehandelt wird. Der Vermögenswert wird in diesem Zusammenhang als ein etabliertes Unternehmen verstanden, das in t=0 an die Börse geht und in t=3 einen Cashflow produziert. Das Investitionsprojekt ähnelt einer Growth Opportunity.[6]

---

[6] In der Literatur wird verbreitet die Annahme getroffen, dass Growth Opportunities zu Modellierungszwecken nicht gehandelt werden. Die Idee eines Entrepreneurs mit

In t=0 wählt der Entrepreneur die optimale Präzision seiner privaten Informationsbeschaffung unter Berücksichtigung der dadurch entstehenden Kosten. Desweiteren emittiert der Entrepreneur in diesem Zeitpunkt Ansprüche auf seinen Vermögenswert.

Auf der zweiten Stufe (t=1) erleiden die Investoren des Primärmarktes einen Liquiditätsschock. Dadurch werden sie zu Noisetradern im Sekundärmarkt. Gleichzeitig betritt ein Spekulant in t=1 den Sekundärmarkt und lernt ein privates Signal. Der Spekulant kann als Market-Professional, Analyst oder Broker aufgefasst werden, der kontinuierlich den Markt beobachtet, um marktbezogene Informationen über bestimmte Aktien zu lernen (vgl. Fishman und Hagerty, 1992, S. 107). Ebenfalls in t=1 lernt der Entrepreneur sein privates Signal. Anschließend öffnet der Sekundärmarkt und die zwei informierten Akteure, die Investoren sowie ein kompetitiver Market-Maker handeln in einer typischen „Kyle-Situation". Weder der Spekulant, noch der Market-Maker partizipieren im Primärmarkt.[7]

In t=2 beobachtet der Entrepreneur den Aktienpreis und entscheidet über sein Investitionsvolumen. Die Cashflows des Vermögenswerts und der Investition werden in der finalen Stufe (t=3) des Modells realisiert.

---

einem etablierten (öffentlichen) Unternehmen und einer nicht gehandelten (privaten) Investitionsmöglichkeit thematisieren beispielsweise Subrahmanyam und Titman (1999). Mit diesem Setup wird vermieden, dass der Aktienkurs den Cashflow der Investition gleichzeitig reflektiert und affektiert, was eine Feedback-Schleife zwischen Investition und Preis zur Folge hätte. Da sich die vorliegende Arbeit mit Lernmechanismen des Entrepreneurs beschäftigt und die wesentlichen Ergebnisse aus dem Feedback des Preises zur Investitionsentscheidung resultieren, ist die Stummschaltung des Feedbacks der Investition zum Preis unkritisch.

[7] Diese Vereinfachung ist notwendig, um eine Verdrängung der originären Investoren aus dem Primärmarkt zu verhindern, was wiederum den Liquiditätseffekt dieses Modells eliminieren würde (Vgl. Gao und Liang, 2013, S. 1138). Diese Arbeit fokussiert den Lerneffekt aus dem Preis beziehungsweise Insiderhandel im Sekundärmarkt und weniger den Prozess des Börsengangs mit den damit verbundenen Effekten.

## 3.2 Vermögenswert und Investitionsmöglichkeit

In diesem Abschnitt werden der Vermögenswert des Entrepreneurs und die sich bietende Investitionsmöglichkeit im Detail vorgestellt. Der Cashflow des Vermögenswerts $A$ sei folgendermaßen definiert:

$$A \equiv \mu,$$

wobei der stochastische Payoff $\mu$ aus zwei Bestandteilen besteht:

$$\mu = \mu_s + \mu_e.$$

Der Cashflow von $A$ kann als zukünftiger Liquidationserlös des börsennotierten Unternehmens des Entrepreneurs interpretiert werden. Die zwei unterschiedlichen Komponenten $\mu_s$ und $\mu_e$ sind unabhängig und normalverteilt mit identischem Erwartungswert $\frac{\mu_0}{2}$ und Varianzen $\sigma_s^2$ beziehungsweise $\sigma_e^2$. Man stelle sich einen Cashflow vor, dessen Wert bestimmt wird durch marktbezogene Risikoquellen, beschrieben durch $\mu_s$, sowie unternehmensbezogene Quellen der Unsicherheit, beschrieben durch $\mu_e$.

Der Netto-Cashflow $G$ der Investition sei gegeben durch folgende Gleichung:

$$G = \mu_s g K - \frac{1}{2} K^2. \tag{1}$$

$K$ bezeichnet das Investitionsvolumen. $g$ ist ein Maß für Profitabilität und beschreibt gleichzeitig die Sensitivität der Investition auf die Marktkomponente des Payoffs $\mu_s$. Im Verlauf der Arbeit wird $g$ darüber hinaus auch als Stärke des Informational-Feedback-Effekts aus dem Aktienpreis interpretiert.

Anhand der Gleichung 1 ist erkennbar, dass die Investition von Marktrisiken abhängt, nicht jedoch von unternehmensbezogenen Risiken. Die Investition könnte beispielsweise zur Gründung eines privaten Unternehmens des Entrepreneurs führen, das im selben Marktumfeld wie sein bestehendes, gehandeltes Unternehmen operiert. Ferner produziert das neue Unternehmen einen Cashflow, der durch dieselben Marktbedingungen (z.B. Nachfrage), jedoch unterschiedliche interne Faktoren (z.B. Produktionstechnologie) determiniert wird. Somit stellt $\mu_s$ eine Beziehung zwischen dem Aktienkurs des Vermögenswerts und der Investitionsmöglichkeit her, obgleich es sich dabei um eigenständige Unternehmungen eines einzelnen Entrepreneurs handeln kann. Die Tatsache, dass der Cashflow des Vermögenswerts von beiden Risikoquellen abhängt, ermöglicht darüber hinaus die Modellierung der Informationsdiversität beziehungsweise -asymmetrie unter informierten Tradern im Sekundärmarkt.

Um zu vermeiden, dass die Finanzierung der Investition durch den Entrepreneur unter Umständen nicht möglich ist, kann angenommen werden, dass das Investitionsprojekt ex ante an einen Dritten, zum Beispiel den Market-Maker, verkauft wird (vgl. Dierker und Subrahmanyam, 2013, S. 11).

### 3.3 Informationsstruktur

In seiner Gestalt als Market-Professional lernt der Spekulant ein kostenloses und gestörtes, privates Signal

$$s_s = \mu_s + \theta$$

mit $\theta \sim N(0, \sigma_\theta^2)$.[8] Der Fokus der Arbeit liegt allerdings auf der Informationsbeschaffung und -verarbeitung des Entrepreneurs.

---

[8] Die Annahme der Kostenlosigkeit seines privaten Signals ist insofern unkritisch, als dass der Markt ohnehin mit der Präsenz mindestens eines informierten Traders rechnen muss. Die Berücksichtigung von Kosten für den Einkauf eines Signals könnte prinzipiell auf zweierlei Wegen erfolgen. Entweder könnte man fixe Kosten für den Einkauf eines exogenen Signals festgelegter Qualität unterstellen. Diese Va-

Dieser kann im Gegensatz zum Spekulanten ein ebenfalls gestörtes, privates Signal

$$s_e = \mu_e + \varepsilon$$

mit $\varepsilon \sim N(0, \sigma_\varepsilon^2)$ zu variablen Kosten $C(\tau_e)$ kaufen. $\theta$ und $\varepsilon$ sind unabhängige Störterme. Ferner seien die Präzisionen der privaten Signale definiert als

$$\tau_s \equiv \frac{\sigma_s^2}{\sigma_s^2 + \sigma_\theta^2}$$

beziehungsweise

$$\tau_e \equiv \frac{\sigma_e^2}{\sigma_e^2 + \sigma_\varepsilon^2}.$$

$\tau_s$ ist eine exogene Größe. $\tau_e$ wird im Verlauf der Arbeit endogen bestimmt. Der Verlauf der Kostenfunktion sei monoton steigend und konvex mit den Eigenschaften

$$C(0) = C'(0) = 0$$

---

riante hat in der Lösung des Modells zur Folge, dass es bei hinreichend hohen Fixkosten zu einer Enthaltung des Spekulanten bei der privaten Informationsbeschaffung und damit auch im Sekundärmarkthandel kommen kann. Tiefere Einblicke in das für die Fragestellung relevante Kalkül des Entrepreneurs können damit nicht generiert werden. Zum Anderen könnte man die Informationsbeschaffung des Spekulanten endogenisieren und zulassen, dass er ein privates Signal von endogener Präzision zu entsprechend variablen Kosten, abhängig von der gewählten Signalpräzision, kauft. Dies erhöht die Komplexität des Modells erheblich. Insbesondere die explizite Bestimmung der optimalen Signalpräzision des Spekulanten ist aufgrund der unterstellten, kontinuierlichen Standard-Handelsstruktur mit hohem mathematischen Aufwand verbunden, was wiederum die Analyse des Kalküls des Entrepreneurs erschwert beziehungsweise stellenweise unmöglich macht.

und

$$C'(1) = \infty.[9]$$

Veranschaulichen lässt sich die variabel kostenträchtige Informationsbeschaffung des Entrepreneurs beispielsweise durch die Einrichtung eines Controllings. Die Kosten für den Auf- oder Ausbau des Controllings vor dem IPO des Unternehmens hängen von der Verarbeitungsqualität bezüglich der unternehmensbezogenen Informationen über $\mu_e$ ab. Je präziser das Controlling unternehmensinterne Informationen erfasst und verarbeitet, desto mehr oder höher qualifiziertes Personal oder desto bessere Informationstechnik ist notwendig. Dies wiederum drückt sich durch einen höheren Aufwand im Controlling aus.

Diese Interpretation der Informationsbeschaffung verleiht der unterstellten Informationsstruktur zusätzlich ökonomische Bedeutung. Der Spekulant verfügt über private Marktinformationen, wohingegen der Entrepreneur intern über die unternehmensbezogene Komponente des unsicheren Payoffs lernt. Die Idee dieser Informationsstruktur ist folgende: Der Spekulant verkörpert einen Outsider, der durch sein privates Signal informiert wird. Der Entrepreneur lernt aus dem Inneren seines Unternehmens und wird somit zum Insider. Das private Signal befähigt den Entrepreneur auf Basis seiner Information im Sekundärmarkt zu handeln, hilft ihm jedoch nicht bei seiner Investitionsentscheidung. Die für die Investition relevanten Informationen über $\mu_s$ muss er stattdessen aus dem Marktpreis extrahieren. Mit anderen

---

[9] Diese Annahmen über $C(\tau_e)$ in Verbindung mit der Annahme $g < \sqrt{\dfrac{3\sigma_n}{2\sqrt{\tau_s \sigma_S^2}}}$ stellen

die Existenz einer die Zielfunktion des Entrepreneurs maximierenden, inneren Lösung für $\tau_e^*$ im Gleichgewicht sicher.

Worten: Wenn der Entrepreneur die Informationen des Spekulanten abschöpfen will, um effizient zu investieren, muss er den Aktienkurs lesen und interpretieren.

Anders als die privat informierten Akteure handeln die Investoren des Primärmarktes als Noisetrader vollkommen zufällig. Sie leiden unter den Folgen eines Liquiditätsschocks und können diesem einzig durch Handel im Sekundärmarkt begegnen. Über private Informationen verfügen sie nicht. Ihre aggregierte Nachfrage sei $n$ und normalverteilt mit einem Erwartungswert von null und Varianz $\sigma_n^2$.

Ebenso verfügt der Market-Maker über keinerlei private Informationen. Auf Basis des öffentlich beobachtbaren Handelsvolumens setzt der Market-Maker im Sekundärmarkt den markträumenden Preis unter Berücksichtigung des Markteffizienzkriteriums (siehe Erläuterungen zum Kyle-Modell in Abschnitt 2.1).

Die nachfolgende Tabelle bietet einen Überblick zu den vier Marktteilnehmern einschließlich deren Informationen und Kalküle.

Tabelle 3: Marktteilnehmer, Informationsstruktur und Kalküle

| Akteur | Information | Kalkül |
| --- | --- | --- |
| Entrepreneur | Privates Signal $s_e = \mu_e + \varepsilon$ | t=0:  Unternehmenswertmaximierung über Qualität der privaten Information <br><br> t=1:  Gewinnmaximierung über Nachfragemenge im Sekundärmarkthandel |
| | Preis | t=2:  Optimierung der Investitionsentscheidung über Investitionsvolumen |
| Spekulant | Privates Signal $s_s = \mu_s + \theta$ | t=1:  Gewinnmaximierung über Nachfragemenge im Sekundärmarkthandel |
| Noisetrader | keine | zufällige Nachfrage infolge Liquiditätsschock |
| Market-Maker | Aggregiertes Handelsvolumen | t=1:  Konkurrenzsituation; lineare Preissetzungsstrategie in Abhängigkeit des Handelsvolumens auf Basis des Effizienzkriteriums |

Mit diesem Setup werden sowohl der Trade-off eines Entscheiders infolge privater Informationsbeschaffung über sein öffentliches Unternehmen als auch der Lernmechanismus aus ebendessen Marktpreis bei gegebener Investitionsmöglichkeit berücksichtigt.

# 4      Vorbereitende Ergebnisse

Dieses Kapitel stellt vorbereitende Ergebnisse und Erkenntnisse dar, die für die spätere Analyse der Informationsbeschaffung des Entrepreneurs von Bedeutung sind. Das Modell wird rekursiv gelöst, beginnend mit dem Investitionsproblem im Zeitpunkt t=2. Dem schließt sich die Bestimmung des Handelsgleichgewichts im sekundären Aktienmarkt in t=1 an. Außerdem wird zum besseren Verständnis der Investitionsentscheidung des Entrepreneurs die Preissensitivität des Investitionsvolumens untersucht, bevor das Kapitel mit der Betrachtung der Preisinformativität schließt.

## 4.1      Investitionsentscheidung

Im ersten Schritt der Modelllösung wird die Investitionsentscheidung des Entrepreneurs im Zeitpunkt t=2 optimiert. In Abhängigkeit seines Informationsstands wählt der Entrepreneur das Investitionsvolumen. Seine Information setzt sich zusammen aus zwei Komponenten. Zum einen lernt der Entrepreneur aus dem Preis und zum anderen aus seinem privaten Signal $s_e$, das er in t=1 erhalten hat, über unternehmensbezogene Faktoren. In Abschnitt 3.2 wurde die Investitionsmöglichkeit durch $G = \mu_s g K - \frac{1}{2} K^2$ charakterisiert. Da das Projekt maßgeblich durch die marktbezogene Komponente $\mu_s$ beeinflusst wird, kann der Entrepreneur sein privates Signal über $\mu_e$ für seine Investitionsentscheidung nicht nutzen. Stattdessen bedingt er seinen Erwartungswert über den Netto-Cashflow der Investition durch den beobachtbaren Preis der Anteile. Dies führt zu:

$$E(G|P) = E(\mu_s|P)gK - \frac{1}{2}K^2.$$

Der Preis des Vermögenswerts wird sowohl durch die markt- als auch unternehmensbezogene Komponente gespeist. Somit enthält der Preis Informationen über die privaten Signale beider Informierten. Aufgrund des durch die

Nachfrage der uninformierten Investoren produzierten Noises im Markt, ist der Entrepreneur nicht in der Lage, die vollständige Information über $\mu_S$ aus dem Preis abzuleiten. Die folgende Bedingung erster Ordnung bestimmt das optimale Investitionsvolumen:

$$\frac{dE(G|P)}{dK} = E(\mu_s|P)g - K = 0.$$

Umformen nach $K$ liefert das optimale Investitionsvolumen, nach Beobachtung des gleichgewichtigen Aktienkurses:

$$K^* = gE(\mu_s|P).$$

Die Substitution von $K^*$ in Gleichung 1 führt zum ex post Nettorückfluss der Investition:

$$G(K^*) = g^2 \left( \mu_s E(\mu_s|P) - \frac{1}{2} \big( E(\mu_s|P) \big)^2 \right). \tag{2}$$

Mit der Interpretation von $g$ als ein Maß für die Stärke des Informational-Feedback-Effekts kann an dieser Stelle festgehalten werden, dass der erwartete Netto-Cashflow der Investition umso höher ist, je stärker der Informational-Feedback-Effekt ist. Tatsächlich steigt der ex post Wert der Investition überproportional in $g$.[10]

## 4.2  Handel im Sekundärmarkt

Zu Beginn der zweiten Stufe des Modells, das heißt unmittelbar zu Beginn des Zeitpunktes t=1, erhalten der Spekulant und der Entrepreneur ihre privaten Signale mit einer exogen gegebenen Präzision im Falle des Spekulanten beziehungsweise einer in t=0 endogen festgelegten Präzision im Falle des

---

[10] Ohne jeden Lernmechanismus ist das optimal Investitionsvolumen $K^* = gE(\mu_s) = \frac{g\mu_0}{2}$ und der erwartete Cashflow der Investition $G(K^*) = \frac{g^2\mu_0^2}{8}$.

Entrepreneurs. Zeitgleich wirkt ein Liquiditätsschock auf die Investoren und zwingt diese im Sekundärmarkt zu handeln.

Auf Basis ihrer Informationsvorteile reichen der Spekulant und der Entrepreneur ihre Nachfragen beim Market-Maker ein. Diese Nachfragen und die aggregierte Nachfrage der liquiditätsgetriebenen Investoren ergeben in der Summe das gesamte, für den Market-Maker beobachtbare Handelsvolumen $X$. Dieses nutzt der Market-Maker zur Bildung seiner Erwartung über den Wert der gehandelten Aktie. Der Market-Maker nimmt die Gegenposition zum aggregierten Handelsvolumen ein und setzt den markträumenden Preis.

Die Kernfrage in diesem Modellzeitpunkt dreht sich um das Verhalten des Entrepreneurs im Sekundärhandel. Im Gegensatz zum Spekulanten kann er seine potenziellen Handelsgewinne zu Lasten der Investoren nicht realisieren. In Antizipation ihrer Handelsverluste gegenüber informierten Tradern reduzieren die Investoren den Emissionspreis der Aktien im Primärmarkt. Handelsgewinne im Sekundärmarkt führen demnach zu Preisabschlägen im Primärmarkt und somit zu Liquiditätskosten für den Entrepreneur, da er der Emittent der Anteile ist. Aufgrund dieses Mechanismus gleichen sich die Handelsgewinne des Entrepreneurs gegenüber uninformierten Investoren und die daraus resultierenden Liquiditätskosten aus. Die Handelsgewinne anderer informierter Trader muss der Entrepreneur zusätzlich als Preisabschlag und damit auch als Liquiditätskosten berücksichtigen. Deshalb versucht der Entrepreneur, die Handelsgewinne der konkurrierenden Informierten zu minimieren.

Zu jedem Handelsgewinn im Sekundärmarkt korrespondiert ein entsprechender Handelsverlust für einen anderen Marktteilnehmer. Das bedeutet, dass sämtliche Handelsgewinne der Trader im Sekundärmarkt in der Summe null ergeben müssen. Aufgrund dieser Nullsummen-Eigenschaft müssen die aggregierten Gewinne der Investoren und des Entrepreneurs dem Negativ der aggregierten Handelsgewinne des Spekulanten und des Market-Makers entsprechen. Letztere beschreiben genau die Liquiditätskosten des Entrepreneurs, wohingegen hypothetische Handelsgewinne der uninformierten Investoren die Liquiditätskosten reduzieren würden. Die Nachfrage der Investoren ist eine exogene Zufallsvariable und somit nicht vom Entrepreneur beeinflussbar. Folglich ist die Minimierung der Liquiditätskosten des Entrepreneurs äquivalent zur Maximierung seiner persönlichen Handelsgewinne. Im Ergebnis bedeutet dies, dass der Entrepreneur im Sekundärmarkt als Gewinnmaximierer agiert, um dem Spekulanten einen größtmöglichen Anteil seines Gewinns abzunehmen.

In Kenntnis ihrer privaten Signale maximieren der Spekulant und der Entrepreneur ihre erwarteten Handelsgewinne, um daraus ihre optimalen Nachfragen $x_i$ abzuleiten. Der Index $i$ beschreibt entweder den Spekulanten ($s$) oder den Entrepreneur ($e$). Das Maximierungsproblem auf Basis einer linearen Nachfragefunktion kann wie folgt formuliert werden:

$$\max_{x_i}\big(x_i E(\mu - P(X)|s_i)\big).$$

Kyle (1985) folgend wird für die Preisbildungsregel des Market-Makers ebenfalls als lineare Funktion in Abhängigkeit des aggregierten Handelsvolumens unterstellt. Allgemein hat sie die folgende Form:

$$P(X) = \phi + \lambda X,$$

wobei $\phi$ ein Verschiebungsparameter ist und $\lambda$ die Nachfragesensitivität des Preises beschreibt.

Dies führt in Verbindung mit dem Maximierungskalkül der informierten Trader zur optimalen, linearen Nachfragefunktion[11]

---

[11] Die nachfolgenden Ergebnisse werden in Anhang A hergeleitet.

$$x_i = \delta + \gamma E(\mu|s_i),$$

wobei

$$E(\mu|s_i) = \mu_0 + \tau_i \left(s_i - \frac{\mu_0}{2}\right),$$

der Verschiebungsparameter $\delta = -\frac{\phi}{2\lambda}$ und die Handelsintensität $\gamma = \frac{1}{2\lambda}$ sind. Die optimale Nachfrage des Spekulanten und des Entrepreneurs sind lineare Funktionen in der jeweiligen bedingten Erwartung über den zukünftigen Cashflow des Vermögenswerts.

Im Gegensatz zu den privat informierten Tradern lernt der Market-Maker kein privates Signal. Stattdessen bildet er seine Erwartung über den Wert der Aktie, indem er das aggregierte Handelsvolumen $X = x_e + x_s + n$ als Nachfrage- oder Angebotsüberschuss wahrnimmt. Dabei kann er das Handelsvolumen jedoch nicht in seine einzelnen Bestandteile zerlegen. Im Gleichgewicht entspricht seine bedingte Erwartung dem fairen Aktienpreis, da er per Annahme unter vollständiger Konkurrenz mit anderen Market-Makern steht. Es gilt:

$$P(X) = E(\mu|X).$$

Die Bildung des bedingten Erwartungswerts führt für die Verschiebungskonstante des Preises zu:

$$\phi = E(\mu)$$

und für die Nachfragesensitivität zu:

$$\lambda = \frac{\gamma(\tau_s \sigma_s^2 + \tau_e \sigma_e^2)}{\gamma^2(\tau_s \sigma_s^2 + \tau_e \sigma_e^2) + \sigma_n^2}.$$

Damit lässt sich das Gleichgewicht im Sekundärmarkt, bestehend aus den optimalen Nachfragen der informierten Akteure sowie der Preissetzung des Market-Makers, wie folgt formulieren:

$$x_s^* = \frac{\sigma_n \tau_s}{\sqrt{\tau_s \sigma_s^2 + \tau_e \sigma_e^2}} \left( s_s - \frac{\mu_0}{2} \right),$$

$$x_e^* = \frac{\sigma_n \tau_e}{\sqrt{\tau_s \sigma_s^2 + \tau_e \sigma_e^2}} \left( s_e - \frac{\mu_0}{2} \right),$$

$$P^* = \mu_0 + \frac{\tau_s}{2} \left( s_s - \frac{\mu_0}{2} \right) + \frac{\tau_e}{2} \left( s_e - \frac{\mu_0}{2} \right) + \lambda^* n,$$

wobei

$$\lambda^* = \frac{\sqrt{\tau_s \sigma_s^2 + \tau_e \sigma_e^2}}{2 \sigma_n}$$

die Inverse der Markttiefe ist und als Liquiditätsparameter verstanden werden kann. Der Beweis des Gleichgewichts befindet sich in Anhang A.

Aus diesem Gleichgewicht können diverse Schlüsse gefolgert werden.

I. Die Nachfragefunktionen der informierten Akteure sind linear im jeweiligen privaten Signal. Der Term $s_i - \frac{\mu_0}{2}$ kann als Informationsvorsprung des Traders $i$ gegenüber den anderen Marktteilnehmern interpretiert werden. Folglich hängt die Nachfrage der Informierten entscheidend vom Vorzeichen dieses Ausdrucks ab. Ist die Differenz positiv (negativ), dann erwartet Trader $i$, dass der Cashflow des Vermögenswerts höher (niedriger) als dessen unbedingter Erwartungswert ausfallen wird. Entsprechend entscheidet er sich dann, Aktien nachzufragen (anzubieten).[12]

II.  Je präziser ihre privaten Signale sind, desto aggressiver handeln die informierten Trader. Es gilt:

$$\frac{d|x_i|}{d\tau_i} > 0.$$

Hingegen entscheiden sie sich weniger aggressiv zu handeln, je präziser der konkurrierende Informierte lernt. Es gilt:

$$\frac{d|x_i|}{d\tau_j} < 0.$$

Bezüglich der Präzision des Konkurrenten impliziert dies, dass die Existenz eines konkurrierenden, informierten Akteurs die Handelsgewinne anderer informierter Trader reduziert. In diesem Kontext kann von einem Verdrängungseffekt – in der englischsprachigen Literatur *crowding out effect* (Fishman und Hagerty, 1992) genannt – gesprochen werden. Die Idee eines informierten Managers, der durch Insiderhandel die Handelsgewinne informierter Outsider reduziert, ist auch in Khanna et al. (1994) zu finden. Anders als in diesen beiden Ansätzen, die die Verdrängung der Konkurrenz als einen unbeabsichtigten Nebeneffekt des Insiderhandels auffassen, basiert der Effekt in diesem Modell auf der Intention des Entrepreneurs, den Handelsgewinn des Spekulanten aktiv zu reduzieren. Obwohl der Effekt in der Literatur bereits bekannt ist, ist es an dieser Stelle dennoch eine interessante Erkenntnis, festzustellen, dass es trotz der privaten Signale des Spekulanten und des Entrepreneurs über zwei unterschiedliche und zudem unabhängige Bestandteile des Cashflows zu einem Verdrängungseffekt kommt.

---

[12] Im Folgenden wird stets der Begriff „Nachfrage" verwendet und auf den Begriff „Angebot" verzichtet. Eine negative Nachfrage entspricht einem Angebot.

III. Die Nachfrage informierter Trader steigt im Noise. Die informierten Akteure nutzen den Noise zur Camouflage ihres informierten Handels. Durch diese Verschleierung wird es für den Market-Maker schwieriger, informierte Nachfragen zu identifizieren. Dies erschwert eine effiziente Preissetzung. Aufgrund dessen handeln der Spekulant und der Entrepreneur aggressiver, je leichter ihnen die Tarnung ihrer Informationsvorteile fällt. Dies drückt sich wie folgt aus:

$$\frac{d|x_i|}{d\sigma_n} > 0.$$

IV. Der Preis ist eine lineare Funktion der Zufallsvariablen $s_s, s_e$ und $n$ und enthält jeweils die Hälfte der mit ihrer Präzision gewichteten Informationsvorteile der informierten Trader. Ferner wird der Preis gestört durch die Nachfrage der Noisetrader, gewichtet mit der gleichgewichtigen Nachfragesensitivität des Aktienkurses. Der Market-Maker nutzt den unbedingten Erwartungswert des Payoffs $\mu_0$ als Ausgangspunkt für die Preissetzung und korrigiert diesen Wert mit den gewichteten, privaten Informationsvorteilen der Trader sowie der gewichteten Nachfrage der Noisetrader.

Da der Market-Maker einem vollständigen Wettbewerb ausgesetzt ist, erwartet er bei dem gesetzten Aktienpreis kostendeckend zu handeln. Deshalb kann in diesem Zusammenhang auch vom Break-Even-Preis aus Sicht des Market-Makers gesprochen werden. Aus seiner Sicht entsprechen die erwarteten Gewinne der informierten Akteure den erwarteten Verlusten der Investoren. Bei gegebenem Preis und einem privaten Signal erwartet Trader $i$ folgenden Handelsgewinn[13]:

---

[13] Die Herleitung der Handelsgewinne und die im Folgenden beschriebenen Effekte sind ebenfalls in Anhang A zu finden.

$$\pi_i = \frac{\sigma_n \tau_i^2}{\sqrt{\tau_i \sigma_i^2 + \tau_j \sigma_j^2}} \left(s_i - \frac{\mu_0}{2}\right)^2. \tag{3}$$

Zum Zeitpunkt t=0, das heißt sowohl vor der Beobachtung des Preises als auch vor dem Erhalt eines privaten Signals, erwartet er einen Handelsgewinn in Höhe des unbedingten Erwartungswerts der Gleichung 3:

$$E(\pi_i) = \frac{\sigma_n \tau_i \sigma_i^2}{\sqrt{\tau_i \sigma_i^2 + \tau_j \sigma_j^2}}.$$

Unter Rückgriff auf die gleichgewichtige Markttiefe kann der erwartete Handelsgewinn folgendermaßen umgeschrieben werden:

$$E(\pi_i) = \frac{\tau_i \sigma_i^2}{2\lambda}.$$

An dieser Schreibweise wird deutlich, dass der ex ante erwartete Handelsgewinn des Traders $i$ in der Tiefe des Marktes steigt. Je tiefer der Markt ist, desto leichter ist es für einen Trader eine informierte Nachfrage zu platzieren, ohne dabei einen nennenswerten Einfluss auf den Preis auszuüben. Demnach ist aus Sicht eines informierten Akteurs, dessen Intention die Verschleierung und damit die Wahrung seines Informationsvorteils ist, ein tiefer Markt wünschenswert beziehungsweise vorteilhaft.

Präzises Lernen reduziert die Markttiefe und übt damit einen indirekten, negativen Effekt auf die erwarteten Handelsgewinne des Konkurrenten aus. Dieser Sachverhalt unterstreicht den bereits erwähnten Verdrängungseffekt unter konkurrierenden, informierten Tradern und wird analytisch folgendermaßen ausgedrückt:

$$\frac{dE(\pi_i)}{d\tau_j} < 0.$$

Die Präzision des Traders $i$ wirkt im Gegensatz dazu durch zweierlei Effekte auf seinen eigenen Handelsgewinn. Einerseits reduziert seine Präzision ebenfalls die Markttiefe und wirkt sich somit negativ auf den Handelsgewinn aus. Andererseits verbessert die eigene Präzision jedoch die persönliche Informationsverarbeitung. Eine verbesserte Informationsverarbeitung verkörpert einen Anreiz zu einer erhöhten Handelsintensität. Diese wiederum treibt den erwarteten Handelsgewinn des Traders $i$. Letzterer, positiver Teileffekt überwiegt den negativen Teileffekt aus der Senkung der Markttiefe. Somit ergibt sich unter dem Strich ein positiver Nettoeffekt der Präzision des Traders $i$ auf seinen erwarteten Handelsgewinn. Formal kann dies anhand folgender Ungleichung gezeigt werden:

$$\frac{dE(\pi_i)}{d\tau_i} > 0.$$

Typischerweise reduziert Wettbewerb unter informierten Tradern deren aggregierten Handelsgewinn. Umgekehrt bedeutet das eine Reduktion des Gesamthandelsgewinns im Sekundärmarkt bei steigender Anzahl informierter Akteure. Deshalb stützt sich die Argumentation gegen die Regulierung von Insiderhandel regelmäßig auf das Konzept des freien Wettbewerbs unter Tradern im Sekundärmarkt. Aus gesamtwirtschaftlicher Perspektive erscheint freier Wettbewerb anstelle von Regulierung vorteilhaft zu sein, insbesondere für uninformierte Investoren.

In diesem Modell sind allerdings die aggregierten Handelsgewinne des Spekulanten und des Entrepreneurs größer als der Gewinn des Spekulanten im hypothetischen Fall ohne den Entrepreneur. Man stelle sich einen Markt mit striktem Insiderhandelsverbot vor. Da der Entrepreneur aus dem Inneren des Unternehmens lernt, kann er als Insider klassifiziert werden. Dann ist es ihm

per Gesetz verboten, am Handel mit seinen Unternehmensanteilen teilzuneh-
men. In diesem Szenario ist der Spekulant ein monopolistischer, informierter
Trader und erwartet einen Handelsgewinn von

$$E_M(\pi_s) = \sigma_n \sqrt{\tau_s \sigma_s^2},$$

wobei der Index $M$ die Monopolsituation beschreibt. Anhand eines Ver-
gleichs mit den aggregierten Handelsgewinnen des Spekulanten und des Entrepreneurs im Fall mit zwei informierten Tradern in Höhe von

$$E(\pi_s) + E(\pi_e) = \sigma_n \sqrt{\tau_s \sigma_s^2 + \tau_e \sigma_e^2}$$

wird deutlich, dass gilt:

$$E_M(\pi_s) < E(\pi_s) + E(\pi_e).$$

Diese Erkenntnis steht dem genannten Argument gegen die Regulierung von
Insiderhandel entgegen. Der Grund ist in der Informationsstruktur zu finden.
Der Spekulant und der Entrepreneur handeln auf Basis unabhängiger Informationen. Ihre Konkurrenz wurzelt daher nicht in identischen oder korrelier-
ten Signalen, wie es in klassischen Modellen häufig zu finden ist. In der hier
gegebenen Konstellation kann der Spekulant beispielsweise ein eher positi-
ves Signal über den künftigen Payoff erhalten, während der Entrepreneur ein
tendenziell negatives Signal lernt. Aus Sicht eines Traders erhält der Kon-
kurrent im Erwartungswert ein völlig uninformatives Signal von $E(s_i) = \frac{\mu_0}{2}$,
das zu keiner Nachfrage führt. In der Konsequenz skalieren die Trader ihre
Nachfrageintensität weniger stark herunter, als es in klassischen Modellen
mit homogener oder korrelierter Information unter Tradern dargestellt wird.
Schlussendlich erwarten sie dadurch trotz Konkurrenz einen relativ hohen
Handelsgewinn zu erzielen, obwohl dieser isoliert betrachtet geringer ausfällt als ein hypothetischer Monopolgewinn.

Darüber hinaus kehrt die Existenz zweier unterschiedlich und unabhängig informierter Trader den Effekt auf den Preismechanismus um. In traditionellen Ansätzen mit homogener Information erhöht die Anzahl informierter Akteure die Markttiefe. Der Handel auf Basis identischer Informationen und damit verstärkter Konkurrenz bietet einen Anreiz für jeden Trader konservativer zu handeln. Die Trader geben weniger von ihren identischen Informationsvorteilen preis. Dadurch sinkt der Informationsgehalt der aggregierten Nachfrage. Dies desensibilisiert den Market-Maker bezüglich des Handelsvolumens. Im Ergebnis ist die Markttiefe höher, je höher die Anzahl homogen informierter Trader ist.

Die Heterogenität beziehungsweise Unkorreliertheit der privaten Signale und damit der gesamten Information der Marktteilnehmer führt dazu, dass die informierten Trader trotz Konkurrenz relativ aggressiv handeln. Der Anteil ihres Informationsstands, den sie damit preisgeben ist dann ebenfalls relativ hoch. Zusätzlich wird das aggregierte Handelsvolumen in dieser Modellkonstruktion durch zwei unterschiedliche Informationsquellen gespeist. Diese beiden Tatsachen führen zu einem höheren aggregierten Informationsgehalt im Handelsvolumen und zu einer höheren Nachfragesensitivität des Preises. Der Market-Maker setzt einen höheren Liquiditätsparameter $\lambda$, was zu einer reduzierten Markttiefe korrespondiert.

### 4.3 Preissensitivität der Investitionsentscheidung

Die Investitionsentscheidung des Entrepreneurs in t=2 wird neben der Stärke $g$ des Informational-Feedback-Effekts auch maßgeblich vom Preis beeinflusst, der sich im Rahmen des Sekundärmarkthandels einstellt (siehe Abschnitt 4.1). Die Bedeutung der Parameter des gleichgewichtigen Preises für die Investitionsentscheidung kann insbesondere anhand deren Preissensitivität verdeutlicht werden. Dazu muss zunächst der Ausdruck für das optimale Investitionsvolumen wie folgt umformuliert werden:

$$K^* = gE(\mu_s|P)$$

$$= g \left( \frac{\mu_0}{2} + \frac{\tau_s \sigma_s^2}{\tau_s \sigma_s^2 + \tau_e \sigma_e^2} (P - \mu_0) \right).$$

Die Preissensitivität der Investitionsentscheidung ergibt sich durch die Ableitung des optimalen Investitionsvolumens nach dem Preis[14]:

$$\frac{dK^*}{dP} = g \left( \frac{\tau_s \sigma_s^2}{\tau_s \sigma_s^2 + \tau_e \sigma_e^2} \right).$$

An dieser Gleichung lässt sich erkennen, dass die Investitionsentscheidung umso preissensitiver ist, je profitabler die Investition, das heißt je höher $g$ ist. Der Parameter kann auch etwas weiter als Profitabilität beziehungsweise Wachstum des betrachteten Marktes gefasst werden.

Mit der Wahl seiner Präzision beeinflusst der Entrepreneur aktiv die Preissensitivität seiner Investitionsentscheidung. Diese Tatsache findet zwar keinen direkten Eingang in die Entscheidung über die Informationsbeschaffung des Entrepreneurs, schärft jedoch das Verständnis hinsichtlich der Investitionsentscheidung. Die Preissensitivität sinkt, je präziser der Entrepreneur selbst lernt, das heißt je höher $\tau_e$ ist. Im Umkehrschluss bedeutet dies, dass ein im Grenzfall völlig unpräzises Signal des Entrepreneurs bei gegebener Präzision des Spekulanten die Preissensitivität der Investitionsentscheidung maximiert. In diesem hypothetischen Fall ($\tau_e \to 0$) würde allein die Stärke $g$ des Informational-Feedback-Effekts die Preissensitivität bestimmen.

Interessanter ist jedoch der Einfluss der Präzision des Signals des Spekulanten, da einzig dessen Information relevant für die Investition ist. Je präziser das Signal des Spekulanten über den für die Investition relevanten Teil des

---

[14] Es sei darauf hingewiesen, dass der Preis $P$ unter anderem auch die Parameter $\tau_e$, $\sigma_e^2$, $\tau_s$ und $\sigma_s^2$ enthält. Eine marginale Änderung des Preises kann daher nur auf $s_e$, $s_s$, $n$ oder $\mu_0$ zurückzuführen sein. $s_e$ und $\mu_0$ sind dem Entrepreneur vor der Beobachtung des Preises bekannt. Eine Reaktion auf eine exogene Preisänderung kann also nur eine Reaktion auf $s_s$ oder $n$ sein.

Cashflows informiert, desto stärker reagiert das optimale Investitionsvolumen des Entrepreneurs auf eine Veränderung im Aktienpreis. Mit steigendem Anteil der Präzision des Spekulanten an der aggregierten Präzision der privaten Signale steigt die Wahrscheinlichkeit aus Sicht des Entrepreneurs, dass Preisveränderungen auf das Signal des Spekulanten zurückzuführen sind. Dann steigt folgerichtig die Preissensitivität beziehungsweise die Reaktion des Investitionsvolumens.

## 4.4 Preisinformativität

Die Literatur bietet verschiedene Ansätze zur Definition des Informationsgehalts des Aktienpreises. Regelmäßig wird die Preisinformativität als Präzision des Preises aufgefasst und entsprechend als Reziproke der Preisvolatilität definiert. Alternativ kann die Preisinformativität durch den Kehrwert der durch den Preis bedingten Varianz des unsicheren Payoffs gemessen werden. Beide Ansätze stellen jedoch keinen expliziten Bezug her zwischen den Zuständen vor und nach der Beobachtung des Preises. Deshalb folgt diese Arbeit grundsätzlich Gao und Liang (2013) und definiert die Preisinformativität als den Reduktionseffekt des Preises auf die Unsicherheit des Payoffs. Da jedoch nur einer der beiden Teile des Payoffs für die Investition maßgeblich ist, wird diese Definition dahingehend spezifiziert, dass sie sich auf die für die Investition relevante Komponente des Vermögenswerts beschränkt. Somit ist diese Definition der Preisinformativität speziell auf den öffentlichen Lernmechanismus des Entrepreneurs für die Investitionsentscheidung zugeschnitten. Die Preisinformativität $\Omega_P$ sei dementsprechend wie folgt definiert:

$$\Omega_P \equiv var(\mu_s | s_e) - var(\mu_s | s_e, P^*).$$

In Worten beschreibt die Preisinformativität die Differenz der Varianz von $\mu_s$ vor Beobachtung des Preises und der Residualvarianz, die nicht durch den

Preis erklärt werden kann.[15] Je mehr Informationen der Preis über $\mu_s$ enthält, desto höher ist die Preisinformativität bei der gewählten Definition. Unter Einsatz von Standardrechenmethoden für Varianzen kann die Preisinformativität wie folgt umgeschrieben werden[16]:

$$\Omega_P = \frac{1}{2}\left(\frac{(\tau_s \sigma_s^2)^2}{\tau_s \sigma_s^2 + \tau_e \sigma_e^2}\right).$$

Zusätzlich wird die Informativität beziehungsweise Qualität $\Sigma_i$ eines privaten Signals $s_i$ definiert als

$$\Sigma_i \equiv var(\mu) - var(\mu|s_i) = \tau_i \sigma_i^2.$$

Aufgrund des linearen Zusammenhangs zwischen $\Sigma_i$ und $\tau_i$ kann die Signalinformativität als Stellvertreter für die Präzision genutzt werden. Dadurch können im Folgenden einige Ausdrücke und Rechnungen signifikant vereinfacht werden.

Mit $\Sigma_i$ kann die Preisinformativität wie folgt vereinfacht werden:

$$\Omega_P = \frac{\Sigma_s}{2}\left(\frac{\Sigma_s}{\Sigma_s + \Sigma_e}\right). \tag{4}$$

In dieser Notation wird die Preisinformativität beschrieben als die Hälfte der Signalinformativität des Spekulanten, gewichtet mit deren Anteil an der aggregierten Informativität der beiden privaten Signale. Folglich wird die Preisinformativität positiv durch die Signalinformativität des Spekulanten

---

[15] In beiden Ausdrücken wird zudem das private Signal des Entrepreneurs berücksichtigt. Auf die Rechnung wirkt sich dies nicht aus, da $s_e$ und $\mu_s$ stochastisch unabhängig sind.

[16] Die Herleitungen der Formeln für die Preisinformativität sind in Anhang B zu finden.

und negativ durch jene des Entrepreneurs getrieben. Präzises, privates Lernen des Entrepreneurs und Insiderhandel vernebeln die Informationen über $\mu_s$ im Preis. Dadurch reduziert informierter Handel des Entrepreneurs die Preisinformativität und schadet seinem eigenen Lernprozess sowie der Investitionseffizienz. Dies wird insbesondere durch eine weitere Umformung von $\Omega_P$ deutlich. Die ex ante Varianz des Preises ist folgende:

$$\sigma_P^2 = \frac{1}{2}(\Sigma_s + \Sigma_e). \tag{5}$$

Einsetzen von (5) in (4) ergibt eine alternative, vereinfachte Formulierung der Preisinformativität:

$$\Omega_P = \frac{\Sigma_s^2}{4\sigma_P^2}.$$

$\sigma_P^2$ steigt in $\Sigma_i$ und damit auch in $\tau_i$. Wenn also $\tau_e$ steigt, so wird der Preis volatiler. Durch die Erhöhung der ex ante Preisvolatilität reduziert demnach der Handel des Entrepreneurs die Preisinformativität. Das ist insofern bemerkenswert, als dass das private Signal des Entrepreneurs dadurch informativer wird. Nun drängt sich zwangsläufig die Frage auf, weshalb der informierte Handel des Entrepreneurs die Preisvolatilität erhöht beziehungsweise die Preisinformativität aus seiner Sicht senkt, obwohl er sein privates Signal sowie dessen Qualität kennt.

Zur Beantwortung dieser Frage sei daran erinnert, dass der Gleichgewichtspreis eine lineare Funktion dreier Zufallsvariablen ist, den beiden privaten Signalen und dem Noisetrading. Die Kenntnis des Entrepreneurs über sein eigenes privates Signal erklärt dessen direkten Einfluss auf die Varianz des Preises. Die Wirkung des Noisetradings ist für den Entrepreneur jedoch nicht beobachtbar.

Zwischen der Preisvolatilität und der Streuung der privaten Signale, berücksichtigt in $\Sigma_i$, sowie dem Noise $\sigma_n$ besteht weiterhin folgender Zusammenhang:

$$\sigma_P^2 = \frac{1}{4}(\Sigma_s + \Sigma_e) + \lambda^2 \sigma_n^2. \tag{6}$$

Die informierten Nachfragen und damit die privaten Informationen sensibilisieren den Market-Maker in der Bestimmung der Nachfragesensitivität $\lambda$ des Preises. Zudem verstärkt $\lambda$ den Einfluss des Noises auf die Preisvolatilität. Im Ergebnis erhöht die Signalqualität beziehungsweise Präzision des Entrepreneurs die Varianz des Preises, aufgrund des positiven Einflusses auf $\lambda$ und der Nicht-Beobachtbarkeit des Noisetradings. Dieser aus seiner Sicht negative Effekt ist eine wesentliche Säule des Trade-offs.

# 5 Kalkül des Entrepreneurs

In diesem Abschnitt wird das Kalkül des Entrepreneurs im Zeitpunkt t=0 schrittweise aufgebaut und der wesentliche Trade-off des Modells dargestellt. Dabei wird insbesondere berücksichtigt, dass der Entrepreneur die nachfolgenden Stufen des Modells antizipiert und die in den vorangegangenen Kapiteln erläuterten Mechanismen und Effekte einkalkuliert. Kapitel 5 stellt damit die letzte Stufe der rekursiven Lösung des Modells dar.

## 5.1 Erwarteter Netto-Cashflow der Investition

Durch Lesen und Interpretation des Aktienkurses steuert der Entrepreneur seine Investitionsentscheidung. Von besonderer Bedeutung für die Effizienz der Investition ist es, vorher für ihn unbekannte und privat nicht recherchierbare Informationen aus dem Preis zu filtern. Dieser Informational-Feedback-Effekt determiniert den Wert des Projekts. Die Stärke des Informational-Feedback-Effekts, messbar durch die Profitabilität $g$ der Investition, hat einen signifikanten Einfluss auf den Informationsfluss vom Preis zum Entrepreneur beziehungsweise auf dessen Lernmechanismus. Im Folgenden wird der ex ante erwartete Netto-Cashflow der Investitionsmöglichkeit als Stellvertreter für die Investitionseffizienz hergeleitet.

Ex post, das heißt nach Beobachtung des privaten Signals und des Preises, schlussfolgert der Entrepreneur den ex post Erwartungswert von $\mu_s$. Aufgrund der unterstellten Informationsstruktur bedient sich der Entrepreneur ausschließlich des Aktienkurses zur Bildung seiner Erwartung über den Netto-Cashflow der Investition. Seine bedingte Erwartung entspricht[17]:

$$E(\mu_s|P^*) = \frac{\mu_0}{2} + \frac{\Sigma_s}{\Sigma_s + \Sigma_e}(P^* - \mu_0). \tag{7}$$

---

[17] Die Herleitung zu diesem Erwartungswert befindet sich in Anhang C.

Ausgehend vom unbedingten Erwartungswert von $\mu_S$ passt der Entrepreneur aufgrund der Beobachtung des Preises seine Erwartung über den Netto-Cash-flow der Investition um die Abweichung des Gleichgewichtspreises von dessen unbedingten Erwartungswert an. Diese Differenz wird zudem gewichtet mit dem Anteil der Signalinformativität des Spekulanten an der aggregierten Informativität der privaten Signale im Preis. Das bedeutet, dass der Entrepreneur die Abweichung umso stärker in seiner Erwartungswertbildung berücksichtigt, je höher beziehungsweise präziser der Informationsgehalt des Preises über $\mu_S$ ist. Steigt der Einfluss der marktbezogenen Komponente auf den Preis, verglichen mit der unternehmensbezogenen Komponente, so wird der Entrepreneur sensitiver in der Anpassung seiner Erwartung hinsichtlich Preisabweichungen, die durch den Spekulanten verursacht werden.

Zur Bestimmung des unbedingten Erwartungswerts des Netto-Cashflows der Investition $\Psi$ im Zeitpunkt t=0 wird $E(\mu_S|P^*)$ in Gleichung 2 eingesetzt. Dies führt zu folgender Formulierung[18]:

$$\Psi \equiv E\big(G(K^*)\big) = \frac{g^2}{2}\left(\frac{\mu_0^2}{4} + \Omega_P\right). \tag{8}$$

Der erwartete Netto-Cashflow der Investition steigt in der Stärke $g$ des Informational-Feedback-Effekts. Hinsichtlich $\Omega_P$ können zwei wesentliche Schlussfolgerungen festgehalten werden. Es ist relativ unproblematisch zu erkennen, dass die Investition als umso wertvoller betrachtet wird, je informativer der Aktienpreis bezüglich der marktbezogenen Komponente ist. Das bedeutet, dass die Preisinformativität den erwarteten Wert der Investition erhöht, indem sie es dem Entrepreneur ermöglicht, präzisere Informationen aus dem Markt zu schöpfen und für die Investitionsentscheidung zu nutzen. Zudem hängt $\Psi$ über $\Omega_P$ negativ von der Volatilität $\sigma_P^2$ des Preises ab (siehe Abschnitt 4.4). Zur Erwartungswertmaximierung des Netto-Cashflows der

---

[18] Die vollständige Herleitung wird in Anhang C dargestellt.

Investition ist es folglich im Interesse des Entrepreneurs, die ex ante Unsicherheit des Preises zu minimieren. Damit nähert er sich der Investitionsentscheidung, die er im hypothetischen Fall perfekter Information treffen würde.

Der positive Einfluss der Preisinformativität auf den Erwartungswert der Investition in Verbindung mit dem in Abschnitt 4.4 verdeutlichten negativen Effekt von $\tau_e$ auf die Preisinformativität ist der erste Effekt des Trade-offs.

Die folgende Abbildung verdeutlicht den Verlauf der Funktion $\Psi$ für ein Parameterbeispiel in Abhängigkeit der Präzision des Entrepreneurs.[19]

---

[19] Das hier eingeführte Parameterbeispiel wird im restlichen Verlauf der Arbeit wiederkehrend genutzt. Sämtliche Parameter sind normiert auf einen Wert von eins ($g = c = \mu_0 = \sigma_s = \sigma_e = \sigma_n = 1$), ausgenommen die Präzision des Spekulanten ($\tau_s = 0{,}5$). $\sigma_s = \sigma_e = 1$ gewährleistet eine Standardabweichung des Preises in Abhängigkeit von $\tau_s$ und $\tau_e$ zwischen 0 % und 100 % ($0 < \sigma_P < 1$).

Abbildung 1: Erwarteter Netto-Cashflow der Investition

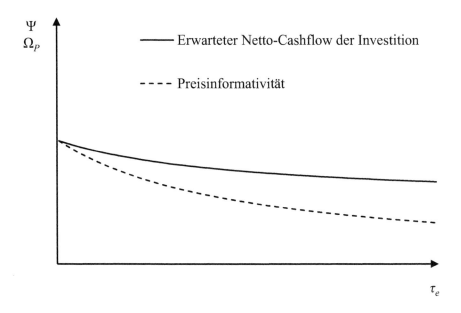

$\Psi$
$\Omega_P$

────── Erwarteter Netto-Cashflow der Investition

- - - - Preisinformativität

$\tau_e$

Zusätzlich illustriert die Grafik den negativen Einfluss von $\tau_e$ auf die Preisinformativität. Dieser Teileffekt ist die Grundlage des Verlaufs von $\Psi$ in Abhängigkeit von $\tau_e$. $\Psi$ und $\Omega_P$ haben den gleichen Ordinatenschnittpunkt. Dies ist nicht allgemeingültig sondern auf die gewählten Parameterwerte zurückzuführen. Die analytische Untersuchung des Einflusses von $\tau_e$ auf $\Psi$ folgt in Abschnitt 5.3.

## 5.2 Liquiditätskosten

Liquiditätskosten, in ihrer Verwendung in dieser Arbeit, sind nicht zu verwechseln mit dem Liquiditätsschock, der die Investoren des Primärmarktes trifft. Ebenso sind sie klar abzugrenzen von der Liquidität des Marktes, die unter anderem durch die Markttiefe charakterisiert wird. Der Begriff bezeichnet in diesem Modell den Preisabschlag, den die uninformierten Investoren im Primärmarkt in Antizipation ihrer Handelsverluste im Sekundärmarkt erzwingen. Als Emittent der Aktien ist ausschließlich der Entrepreneur von diesem Preisabschlag betroffen. Der Preisabschlag senkt den Wert seines an die Börse gehenden Unternehmens und gleichzeitig das aufgebrachte Kapital. Darunter leidet der Gesamtwert sämtlicher Positionen des Entrepreneurs. Anders formuliert: Die Liquiditätserhöhung infolge des IPOs fällt geringer aus. In diesem Zusammenhang kann der Preisabschlag als negativer Effekt auf das Kalkül des Entrepreneurs verstanden werden, dessen Wurzeln sich im Problem der adversen Selektion unter Tradern im sekundären Markt finden. Entsprechend kann der Preisabschlag auch als Liquiditätsabschlag oder, wie oben bereits eingeleitet, als Liquiditätskosten des Entrepreneurs bezeichnet werden. Diese Liquiditätskosten sind in ähnlicher Form in Rock (1986) zu finden, mit dem Unterschied, dass die Liquiditätskosten in dessen Modell aus Informationsasymmetrien im Primärmarkt und nicht im Sekundärmarkt erwachsen.

Wie in Abschnitt 4.2 diskutiert wurde, kann der Entrepreneur seinen Handelsgewinn im Sekundärmarkt zu Lasten der Primärmarktinvestoren nicht realisieren. Jeder Handelsverlust der Investoren schlägt sich unmittelbar in Liquiditätskosten für den Entrepreneur nieder. Desweiteren profitiert der Market-Maker nicht vom Sekundärmarkthandel, da er unter vollständiger Konkurrenz steht. Der sich einstellende Preis erlaubt ihm keinerlei Handelsgewinn. So bleibt lediglich der Handelsgewinn des Spekulanten, der die Liquiditätskosten des Entrepreneurs determiniert. Die Funktion für die Liquiditätskosten $\Pi$ des Entrepreneurs im Zeitpunkt t=0 lautet daher folgendermaßen:

$$\Pi = E(\pi_s) = \frac{\sigma_n \Sigma_s}{\sqrt{\Sigma_s + \Sigma_e}}. \qquad (9)$$

Anhand dieser Formel kann festgehalten werden, dass die Liquiditätskosten im Noise steigen, da dieser dem Spekulanten die Camouflage seiner informierten Nachfrage erleichtert. Dies reizt den Spekulanten zu aggressiverem Handel an und führt schlussendlich zu höheren Handelsgewinnen. Ferner ist zu erkennen, dass die Signalinformativität des Spekulanten und des Entrepreneurs die Liquiditätskosten beeinflusst. Von besonderer Relevanz für die vorliegende Arbeit ist der Effekt der Präzision des Entrepreneurs. An dieser Stelle ist die graphische Betrachtung der Liquiditätskosten hilfreich. Zugrunde liegt das in Abschnitt 5.1 eingeführte Parameterbeispiel.

Abbildung 2: Betrag der Liquiditätskosten

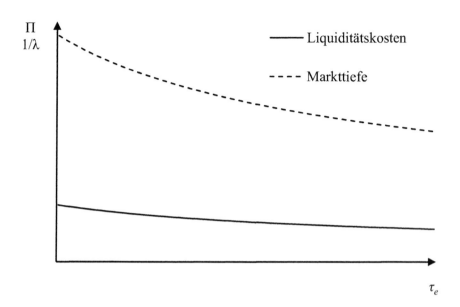

Am Graphen von Π lässt sich der aus dem Verdrängungseffekt (siehe Abschnitt 4.2) resultierende negative Einfluss von $\tau_e$ auf den Betrag der Liquiditätskosten erkennen.[20] Ebenfalls in der Grafik veranschaulicht ist die Markttiefe, da der Verdrängungseffekt auf deren negativer Reaktion auf $\tau_e$ basiert. Der Effekt auf Π stellt die zweite Säule des Entscheidungsproblems des Entrepreneurs im Zeitpunkt t=0 dar. Die analytische Betrachtung bezüglich der Wirkung von $\tau_e$ folgt im nächsten Abschnitt.

---

[20] Es ist zu beachten, dass die Grafik den Betrag der Liquiditätskosten illustriert. In ihrer Eigenschaft als Kosten finden sie später jedoch in negativer Weise Eingang in das Kalkül des Entrepreneurs.

## 5.3    Der Trade-off

Mit den Vorbereitungen aus den Kapiteln 5.1 und 5.2 kann die Zielfunktion $V_0$ des Entrepreneurs aufgestellt werden. Gao und Liang (2013) folgend, setzt sie sich einerseits zusammen aus dem erwarteten Cashflow des Vermögenswerts, das heißt dem Wert des in t=0 an die Börse gehenden Unternehmens, und dem erwarteten Netto-Cashflow aus dem Investitionsprojekt (Gleichung 8). Dem gegenüber stehen die Liquiditätskosten (Gleichung 9) sowie die Kosten für die private Informationsbeschaffung. Somit kann das Kalkül des Entrepreneurs in t=0 notiert werden als

$$V_0 \equiv E(A) + \Psi - \Pi - C,$$

wobei $E(A) = \mu_0$ ist und $\Psi$, $\Pi$ und $C$ Funktionen in Abhängigkeit von $\tau_e$ sind.

Wie in den vorangegangenen Abschnitten dargestellt, üben die private Informationsbeschaffung und der Insiderhandel des Entrepreneurs zwei zentrale Effekte auf die Zielfunktion aus. Auf der einen Seite steht der negative Effekt auf die Preisinformativität und damit die Investitionseffizienz, ausgedrückt durch den erwarteten Netto-Cashflow des Investitionsprojekts. Im Folgenden sei dies als *Investitionseffekt* bezeichnet. Auf der anderen Seite verdrängt der Entrepreneur vorsätzlich den Spekulanten aus dem Sekundärmarkthandel und reduziert damit seine eigenen Liquiditätskosten. Dieser für den Entrepreneur positive Effekt wird im weiteren Verlauf der Arbeit *Liquiditätskosteneffekt* genannt. Die gegenläufigen Wirkungen der privaten Informationsbeschaffung und des Insiderhandels des Entrepreneurs formen den Trade-off.

Die zentrale Frage ist nun, ob der Nettoeffekt auf die Zielfunktion des Entrepreneurs positiv oder negativ ist. Entscheidend dafür ist, ob der negative Investitionseffekt (zuzüglich der Grenzkosten der privaten Informationsbeschaffung) oder der positive Liquiditätskosteneffekt überwiegt. Um dieser

Frage nachzugehen, wird die Zielfunktion des Entrepreneurs in Anhang D nach $\tau_e$ differenziert und betrachtet, ob die Ableitung $\frac{dV_0}{d\tau_e}$ positiv oder negativ ist. Es gilt:

$$\frac{dV_0}{d\tau_e} > 0,$$

genau dann, wenn folgende Bedingung erfüllt ist:

$$-\frac{d\Pi}{d\tau_e} > \frac{dC}{d\tau_e} - \frac{d\Psi}{d\tau_e},$$

wobei $\frac{d\Psi}{d\tau_e}$ den Investitionseffekt, $\frac{d\Pi}{d\tau_e}$ den Liquiditätskosteneffekt und $\frac{dC}{d\tau_e}$ die Grenzkosten der privaten Informationsbeschaffung beschreiben.

Zur detaillierten Analyse des Trade-offs werden nun beide Effekte separat betrachtet. Zunächst soll es um den Investitionseffekt gehen.

Private Informationsbeschaffung und Insiderhandel des Entrepreneurs üben einen negativen Einfluss auf den erwarteten Netto-Cashflow der Investition aus, ausgedrückt durch folgende Ungleichung:

$$\frac{d\Psi}{d\tau_e} < 0.$$

Die Stärke dieses Effekts hängt maßgeblich von der Profitabilität der Investition beziehungsweise von der Stärke $g$ des Informational-Feedback-Effekts ab. Ein hohes $g$ impliziert eine hohe Bedeutung der Investitionsmöglichkeit. Dann ist folgerichtig auch das Lernen aus dem Preis wichtig. Entsprechend ist der negative Effekt des Insiderhandels des Entrepreneurs in dieser Situation besonders abträglich. Anders als in der Literatur rührt diese Wirkung nicht von der Reduzierung der endogenen Informationsproduktion des Spekulanten her (siehe Foucault und Gehrig, 2008; Gao und Liang, 2013). Die entscheidende Wirkung des Investitionseffekts ist stattdessen auf eine geringere Preisinformativität zurückzuführen (siehe Abschnitt 5.1). Damit zeigt das Modell, dass es auch ohne eine Reaktion der Informationsbeschaffung des Spekulanten zu einem negativen Effekt auf den Lernmechanismus aus Preisen kommen kann.

Gleichzeitig führt die Informationsqualität des Entrepreneurs zu reduzierten Handelsgewinnen beim Spekulanten, aufgrund des Verdrängungseffekts im Sekundärmarkt (siehe Kapitel 4.2 und 5.2). Es gilt:

$$\frac{d\Pi}{d\tau_e} < 0.$$

Im Gegensatz zur direkten Offenlegung von Informationen, die auf die Beseitigung von Informationsasymmetrien abzielt (siehe z.B. Gao und Liang, 2013), basiert der Liquiditätskosteneffekt in diesem Modell auf der Erzeugung eines Wettbewerbsdrucks auf den Spekulanten. Die Preisgabe von Insiderinformationen über den Aktienkurs stellt ein schwächeres Instrument als die aktive Offenlegung dar, führt jedoch zu einem ähnlichen Effekt. In Gao und Liang (2013) resultiert die Verdrängung des Spekulanten daraus, dass der Spekulant weniger Informationen produziert. In diesem Modell ist die Verdrängung hingegen mengenmäßiger Natur und auf eine reduzierte Nachfrage im Sekundärmarkt zurückzuführen.

Beide Effekte werden in Anhang D im Detail dargestellt. Die folgende Tabelle fasst die jeweiligen Wirkungen sowie die zugrundeliegenden Teileffekte und Mechanismen zusammen.

Tabelle 4: Der Trade-off

| Effektbezeichnung | Investitionseffekt | Liquiditätskosteneffekt |
|---|---|---|
| **Wirkung** | negativ | positiv |
| **Grundlage(n)** | Informational-Feedback-Effekt des Preises | Verdrängungseffekt und adverse Selektion im Sekundärmarkt |
| **Mechanismus** | • Erhöhung der Preisvolatilität <br> • Senkung der Preisinformativität <br> • Reduzierung des erwarteten Netto-Cashflows der Investition | • Erzeugung eines Wettbewerbsdrucks auf den Spekulanten <br> • teilweise Verdrängung aus dem Sekundärmarkt <br> • Senkung des Handelsgewinns und damit der Liquiditätskosten |

Mit diesen Vorbereitungen kann hinsichtlich des Nettoeffekts des Trade-offs folgendes festgehalten werden: Präziseres Lernen und Insiderhandel des Entrepreneurs steigern den Gesamtwert sämtlicher seiner Positionen genau dann, wenn der Liquiditätskosteneffekt (Grenznutzen des privaten Lernens) die Summe des Investitionseffekts und der marginalen Kosten der Präzision (zusammen: Grenzkosten des privaten Lernens) übersteigt. Andernfalls ist es für den Entrepreneur ratsam, seine Präzision zu reduzieren.

Der Trade-off ermöglicht eine innere Lösung für die optimale Präzision $\tau_e^*$, die die Zielfunktion des Entrepreneurs im Zeitpunkt t=0 maximiert. $\tau_e^*$ wird implizit charakterisiert durch die Bedingung erster Ordnung:

$$\frac{dV_0}{d\tau_e} = \frac{d\Psi}{d\tau_e} - \frac{d\Pi}{d\tau_e} - \frac{dC}{d\tau_e} = 0.$$

Tatsächlich existiert genau dann eine innere Lösung $\tau_e^* \in (0; 1)$, wenn der Informational-Feedback-Effekt hinreichend schwach beziehungsweise $g$ hinreichend klein ist (Beweis in Anhang D). Der Informational-Feedback-Effekt verstärkt den Investitionseffekt. Überschreitet $g$ eine gewisse obere Schranke, reicht der Liquiditätskosteneffekt zur Kompensation der aggregierten Grenzkosten des privaten Lernens nicht mehr aus, unabhängig von $\tau_e$. In diesem Fall existiert keine innere Lösung. Stattdessen stellt sich die Randlösung $\tau_e^* \to 0$ als Optimum ein. Der Entrepreneur entsagt der privaten Informationsbeschaffung und dem Insiderhandel im sekundären Markt.[21] Die vorliegende Arbeit konzentriert sich jedoch auf den interessanteren Fall mit einer inneren Lösung. Insofern wird der Fall $\tau_e^* \to 0$ nicht eingehender untersucht.

Die nachfolgende Abbildung illustriert den Verlauf der Zielfunktion des Entrepreneurs in Abhängigkeit von $\tau_e$ für das Parameterbeispiel.[22]

---

[21] In Anhang D wird dieser Fall in Kürze adressiert.
[22] Für das Parameterbeispiel wird für die Kosten der Präzision die Funktion $C(\tau_e) = c\tau_e^2$ angenommen. Diese Funktion genügt der prinzipiellen Anforderung der Konvexität. Gleichwohl erfüllt sie die Bedingung $C'(1) = \infty$ nicht. Zum Zwecke der Veranschaulichung der Kalkulation des Entrepreneurs ist diese Eigenschaft nicht zwingend notwendig. Vielmehr dient die Annahme dazu, die Randlösung $\tau_e^* \to 1$ als Optimum auszuschließen.

Abbildung 3: Zielfunktion des Entrepreneurs

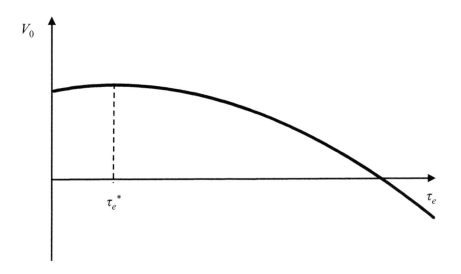

An diesem Verlauf ist zu erkennen, dass die Zielfunktion bei der gewählten Parameterkonstellation ein Maximum $\tau_e^* \in (0; 1)$ besitzt. Eine Veränderung der Parameter kann, wie oben angeschnitten, dazu führen, dass die Funktion streng monoton fallend verläuft und die Randlösung $\tau_e^* \rightarrow 0$ optimal ist.

Der Trade-off wird anhand der Ableitung der Zielfunktion deutlicher. Die folgende Grafik zeigt den Grenznutzen und die aggregierten Grenzkosten der privaten Informationsbeschaffung sowie die sich aus deren Summe ergebende Ableitung der Zielfunktion.

Abbildung 4: Ableitung der Zielfunktion des Entrepreneurs

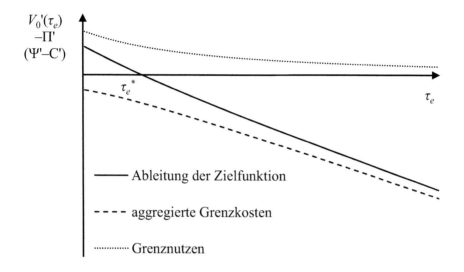

Die Ableitung der Zielfunktion schneidet die Abszisse an der Stelle der optimalen Präzision des Entrepreneurs. Das Optimum liegt genau dort, wo Grenznutzen und aggregierte Grenzkosten einander gleichen. Links von diesem Wert, das heißt im Bereich $0 < \tau_e < \tau_e^*$, kommt es zu einer Überkompensation der aggregierten Grenzkosten durch den Grenznutzen. Der positive Liquiditätskosteneffekt wiegt stärker als die Summe des negativen Investitionseffekts und der direkten Kosten der Informationsbeschaffung. Der Entrepreneur sollte $\tau_e$ erhöhen und in Richtung des Optimums verschieben. Im Bereich $\tau_e^* < \tau_e < 1$ dagegen verhält es sich umgekehrt. Hier sind die aggregierten Grenzkosten höher als der Grenznutzen und der Entrepreneur sollte $\tau_e$ senken.

Der erläuterte Trade-off unterstreicht die Existenz zweier wesentlicher Funktionen des Sekundärmarktes. Einerseits ist der sekundäre Markt eine allgemein bekannte Liquiditätsquelle. Diese Funktion stellt das Fundament des Problems adverser Selektion dar, welches wiederum in Liquiditätskosten für Aktienemittenten im Primärmarkt mündet. Andererseits produziert der Sekundärmarkt Informationen und aggregiert sie in Preisen. Diese Informationen bieten Entscheidungsträgern einen Anreiz, Preise zielgerichtet zu beobachten. Die private Informationsbeschaffung des Entrepreneurs adressiert beide Funktionen des Sekundärmarktes. Gleichwohl können nicht gleichzeitig die Liquiditätskosten gesenkt und die Investitionseffizienz verbessert werden. Die Richtung, in die die Gradwanderung des Entrepreneurs tendenziell führen sollte, hängt von exogenen Parametern ab. Dazu zählen insbesondere die Qualität des privaten Signals des Spekulanten, die Profitabilität der Investition sowie der Noise im Sekundärmarkt. Um den jeweiligen Einfluss dieser Parameter auf die Entscheidung des Entrepreneurs in t=0 näher zu untersuchen, studiert Kapitel 5.5 die optimale Präzision $\tau_e^*$ im Detail. Die mehrdeutige Wirkung der Beschaffung von Insiderinformationen und des Insiderhandels auf den Unternehmenswert bestätigt den allgemeinen Dissens in der empirischen Literatur (siehe Abschnitt 2.1). Der spezielle Trade-off zeigt, dass Insiderhandel keinen eindeutigen Effekt auf den Unternehmenswert hat.

## 5.4    Einfluss der Signalqualität des Spekulanten

In den vorangegangenen Kapiteln wurden die Effekte der Präzision des Entrepreneurs auf dessen Zielfunktion analysiert und der resultierende Trade-off dargelegt. Ein weiterer interessanter Untersuchungsgegenstand ist die Präzision des Spekulanten und deren Wirkung auf das Kalkül des Entrepreneurs. Aus ebendiesem Kalkül erwächst in Verbindung mit dem Verdrängungseffekt auf Finanzmärkten die Intention des Entrepreneurs, den Spekulanten durch private Informationsbeschaffung und Insiderhandel aus dem sekundären Markt zu konkurrieren. Übt die Präzision des Spekulanten einen ähnlichen, negativen Effekt auf das Kalkül des Entrepreneurs aus oder ist die

Existenz eines informierten Market-Professionals gar förderlich aus Sicht des Entrepreneurs? Letzteres könnte insbesondere daher rühren, dass die Information des Spekulanten die Investitionseffizienz steigert.

Zur Klärung dieser Frage wird die Zielfunktion des Entrepreneurs nach der Signalinformativität des Spekulanten abgeleitet.[23] Dies führt aufgrund der Annahme eines hinreichend schwachen Informational-Feedback-Effekts zu

$$\frac{dV_0}{d\Sigma_s} < 0.$$

Der Beweis ist in Anhang E zu finden. Die Zielfunktion des Entrepreneurs fällt in der Signalinformativität des Spekulanten. Somit sinkt diese auch in der Präzision des Signals des Konkurrenten. Dieser insgesamt negative Effekt setzt sich aus zwei gegenläufigen Teileffekten zusammen.

Auf der einen Seite erhöht die Informationsqualität des Spekulanten dessen erwarteten Handelsgewinn, was mit höheren Liquiditätskosten für den Entrepreneur einhergeht. Damit hat die Präzision des Spekulanten einen negativen Einfluss auf die Zielfunktion des Entrepreneurs. Auf der anderen Seite fördert ein präziseres Signal des Spekulanten die Preisinformativität aus Sicht des Entrepreneurs. Der Informationsgehalt des Preises hinsichtlich der Marktkomponente ist dann höher und der Entrepreneur kann entsprechend präziser aus dem Preis lernen. Dadurch steigt der erwartete Netto-Cashflow der Investition. Durch diesen Effekt liegt eine positive Wirkung der Präzision des Spekulanten auf die Zielfunktion vor.

Führt man die beiden Teileffekte zusammen, so kann festgehalten werden, dass bezüglich der Signalqualität des Spekulanten ein umgekehrter Trade-

---

[23] In Kapitel 4.4 wurde erläutert, dass die Analyse auf Basis der Signalinformativität anstelle der Präzision einige Rechnungen und Ausdrücke vereinfacht. Die Ergebnisse werden dadurch jedoch nicht verändert, da $\Sigma_s$ und $\tau_s$ durch den Zusammenhang $\Sigma_s = \sigma_s^2 \tau_s$ linear abhängig sind.

off vorliegt. Der Nettoeffekt des Trade-offs ist unter dem gegebenen Umstand eines hinreichend schwachen Informational-Feedback-Effekts jedoch stets negativ.

## 5.5 Optimale Präzision des Entrepreneurs

Dieses Kapitel widmet sich dem Kernelement der Arbeit. Im Folgenden wird die Reaktion der optimalen Präzision des Entrepreneurs im Zeitpunkt t=0 auf Veränderungen relevanter Einflussgrößen thematisiert. Der in Abschnitt 5.3 diskutierte Trade-off resultiert aus der Existenz zweier Anreize, die den Entrepreneur incentivieren mehr oder weniger präzise, private Informationen zu beschaffen. Die beiden Teileffekte des Trade-offs können aus einer Anreiz-Perspektive als *Investitions-* und *Liquiditätsmotiv* interpretiert werden. Beide Motive werden maßgeblich von exogenen Parametern gesteuert. Das deutet darauf hin, dass der Entrepreneur unterschiedlich auf sich ändernde Rahmenbedingungen reagiert. Eine Veränderung in der Umgebung könnte beispielsweise das Investitionsmotiv in den Vordergrund rücken und den Entrepreneur anreizen, den Preis als Informationsquelle vorzuziehen und weniger private Informationen zu beschaffen. Ebenso könnten veränderte Bedingungen zu einer Priorisierung des Liquiditätsmotivs führen. Das würde den Entrepreneur anreizen, sich mehr auf seine private Informationsverarbeitung zu konzentrieren. Zur Analyse der optimalen Präzision des Entrepreneurs $\tau_e^*$ wird nachfolgend mithilfe komparativer Statik untersucht, welchen konkreten Einfluss die Parameter $g, \sigma_n$ und $\Sigma_s$ ausüben. Jeder dieser Parameter bildet eine Facette des Marktumfeldes ab.

$g$ steht für die Bedeutung der Investitionsmöglichkeit. Je höher der Parameter ist, desto stärker konzentriert sich der Entrepreneur folgerichtig auf die Investition. Mit Blick auf den Gesamtwert seiner Positionen, verstärkt $g$ damit den Anreiz, das neue Investitionsprojekt dem etablierten Unternehmen, das heißt dem Vermögenswert, vorzuziehen. Im weiteren Sinne kann $g$ demzufolge interpretiert werden als ein Maß dafür, wie wertvoll der Markt neue und möglicherweise innovative Projekte einschätzt. Werden neue Investitionsmöglichkeiten generell als relativ wertvoll im Vergleich zu bestehenden Unternehmungen eingestuft, sollte der Entrepreneur seine Aufmerksamkeit eher auf den Aktienkurs seines etablierten Unternehmens lenken, um effizient in das neue Vorhaben zu investieren. Im Zuge dessen reduziert er seinen Aufwand zur privaten Informationsbeschaffung, was beschrieben wird durch[24]:

$$\frac{d\tau_e^*}{dg} < 0.$$

Noise $\sigma_n$ erhöht informierte Handelsgewinne und produziert dadurch Preisabschläge im Primärmarkt. Die steigenden Liquiditätskosten des Emittenten wirken sich auf dessen Kalkül aus und sind auf den öffentlichen Handel mit Anteilen des etablierten Unternehmens zurückzuführen. Noise-produzierende Liquiditätsschocks reizen den Entrepreneur an, sich stärker auf das börsengehandelte Unternehmen zu fokussieren, während das neue Investitionsprojekt in den Hintergrund driftet. In diesem Fall muss es im Interesse des Entrepreneurs sein, den Wettbewerbsdruck auf den Spekulanten im Sekundärmarkt zu erhöhen. Private Informationsbeschaffung und Insiderhandel zur Verdrängung des Spekulanten werden dann eher forciert als das effiziente Lernen aus dem Preis. Daher reizt Noise im Sekundärmarkt den Entrepreneur eindeutig zu präziserem, privaten Lernen an. Es gilt:

$$\frac{d\tau_e^*}{d\sigma_n} > 0.$$

Die Signalinformativität $\Sigma_s$ des Spekulanten steht stellvertretend für die Qualität der Informationen, die professionelle Outsider des Unternehmens lernen können. Da sich das Signal des Spekulanten auf die Marktkomponente des stochastischen Payoffs bezieht, wird die Information der Outsider statt

---

[24] Die Herleitungen der folgenden Effekte sind in Anhang F zu finden.

durch die Verfügbarkeit von Unternehmensinterna durch die Transparenz der Industrie und der Wettbewerbssituation gespeist. In Abschnitt 5.4 wurde die Wirkung der Signalqualität des Spekulanten auf das Kalkül des Entrepreneurs bereits dargestellt. Da $\Sigma_s$ sowohl die Liquiditätskosten als auch den erwarteten Netto-Cashflow der Investition affektiert, ist es naheliegend, dass der Parameter auch die beiden Anreizmechanismen beeinflusst. Allerdings ist, trotz der Feststellung eines negativen Nettoeffekts auf die Zielfunktion des Entrepreneurs, der Nettoeffekt auf dessen optimale Präzision nicht ohne Weiteres ersichtlich.

Zur detaillierten Gleichgewichtsbetrachtung der Wirkung von $\Sigma_s$ auf $\tau_e^*$ werden die beiden Effekte des Trade-offs separat studiert. Zunächst soll es um den negativen Investitionseffekt gehen. Es gilt:

$$\frac{d^2\Psi}{d\tau_e d\Sigma_s} < 0.$$

Die Signalinformativität des Spekulanten verstärkt den Investitionseffekt. Das ist insofern wenig überraschend, als dass $\Sigma_s$ sowohl die Preisinformativität als auch den erwarteten Netto-Cashflow der Investition stimuliert. Der resultierende Anreiz für den Entrepreneur, seine Präzision zu reduzieren ist umso stärker, je höher die Qualität der relevanten Informationen im Aktienpreis ist. Eine erhöhte Signalqualität des Spekulanten demotiviert die private Informationsbeschaffung des Entrepreneurs, da der Informationsgehalt des Preises umso vielversprechender für die Investition erscheint.

Die Wirkung von $\Sigma_s$ auf den positiven Liquiditätskosteneffekt ist ungleich schwieriger festzustellen, da zwei gegenläufige Teileffekte gleichzeitig wirken. Einerseits übt $\Sigma_s$ einen positiven, direkten Einfluss und andererseits einen negativen, indirekten Einfluss über die Reduktion der Markttiefe auf den erwarteten Handelsgewinn des Spekulanten aus. In der Konsequenz stärkt und schwächt der Parameter auch simultan den aus dem Liquiditätsmotiv resultierenden Anreiz zum privaten Lernen. Obwohl $\Pi$ in $\Sigma_s$ summa summarum steigt, kann der Nettoeffekt von $\Sigma_s$ auf den Liquiditätskosteneffekt sowohl positiv als auch negativ sein. Tatsächlich ist

$$\frac{d^2\Pi}{d\tau_e d\Sigma_s} < 0,$$

genau dann, wenn folgende Ungleichung erfüllt ist:

$$\Sigma_s > 2\Sigma_e.$$

Das bedeutet, die Signalinformativität des Spekulanten schwächt den Liquiditätskosteneffekt dann und nur dann, wenn die Informationsqualität des Spekulanten hinreichend hoch ist, verglichen mit jener des Entrepreneurs.

In diesem Fall schwächt $\Sigma_s$ den Anreiz zur erhöhten Präzision aus dem Liquiditätsmotiv und stärkt zugleich den Anreiz zur Reduktion der Präzision aus dem Investitionseffekt. Dann motiviert eine Erhöhung der Signalinformativität des Spekulanten den Entrepreneur, seine Anstrengungen zur privaten Informationsbeschaffung zu senken und sich stattdessen auf öffentliche Informationen im Aktienkurs zu konzentrieren.

Ist

$$\Sigma_s = 2\Sigma_e,$$

erreicht der Liquiditätskosteneffekt bezüglich $\Sigma_s$ sein Maximum. An dieser Stelle hat die marginale Änderung der Signalinformativität des Spekulanten keinen Einfluss auf den Liquiditätskosteneffekt. Es gilt:

$$\frac{d^2\Pi}{d\tau_e d\Sigma_s} = 0$$

und der direkte und indirekte Effekt einer marginalen Erhöhung von $\Sigma_s$ auf den Liquiditätskosteneffekt heben einander auf. Es bleibt allein die verstärkende Wirkung auf den Investitionseffekt und der Entrepreneur reduziert auch in diesem Fall seine Präzision.

Umkehren könnte sich der Gesamteffekt von $\Sigma_s$ auf die Präzision des Entrepreneurs, wenn folgendes gilt:

$$\Sigma_s < 2\Sigma_e.$$

Dann erhöht der Entrepreneur seine Präzision womöglich, da der Nettoeffekt auf den Liquiditätskosteneffekt in diesem Szenario positiv ist. Damit der Gesamteffekt auf die Präzision des Entrepreneurs tatsächlich positiv ist, muss die in diesem Fall vorliegende Verstärkung des positiven Liquiditätskosteneffekts jene des in jedem Fall negativen Investitionseffekts überkompensieren. Entscheidend dafür, welcher Verstärkungseffekt schwerer wiegt, ist die Profitabilität der Investition.

Ist $g$ hinreichend klein, dann ist der Gesamteffekt positiv und der Entrepreneur wird zur Erhöhung seiner Präzision angereizt. Der Grund dafür liegt in der Setzung seiner Prioritäten. Bei einer hinreichend unprofitablen Investition zieht der Entrepreneur das Liquiditätsmotiv dem Investitionsmotiv vor. Die Investition ist aus seiner Sicht von zu geringer Bedeutung. Die Liquiditätskosten hingegen sind dann, gemessen am erwarteten Netto-Cashflow der Investition, relativ hoch. Daher muss es im Interesse des Entrepreneurs sein, die Liquiditätskosten durch Insiderhandel auf Basis möglichst präziser, privater Informationen zu senken.

Wenn $g$ dagegen hinreichend hoch ist, ist der Entrepreneur eher auf eine effiziente Investitionsentscheidung bedacht und rückt stattdessen die Liquiditätskosten in den Hintergrund seiner Kalkulation. Der Investition wird eine höhere Bedeutung beigemessen. Der Entrepreneur reduziert seine Präzision trotz des positiven Nettoeffekts von $\Sigma_s$ auf den Liquiditätskosteneffekt, da diese Verstärkung schwächer ausfällt als die verstärkende Wirkung auf den Investitionseffekt. Der Gesamteffekt von $\Sigma_s$ auf $\tau_e^*$ ist dann negativ.

Die folgende Tabelle fasst die erläuterten Wirkungen der relevanten Parameter auf den Trade-off sowie die Präzision des Entrepreneurs zusammen.

Tabelle 5: Einfluss relevanter Parameter auf die Präzision des Entrepreneurs

| Parameter | $g$ | $\sigma_n$ | $\Sigma_s$ |
|---|---|---|---|
| Teileffekt | IE | LE | IE und LE |
| Wirkung auf Teileffekt | | verstärkend | • IE: verstärkend<br>• LE:<br>  ○ verstärkend, wenn $\Sigma_s < 2\Sigma_e$<br>  ○ abschwächend, wenn $\Sigma_s > 2\Sigma_e$<br>  ○ keine, wenn $\Sigma_s = 2\Sigma_e$ |
| Wirkung auf $\tau_e^*$ | negativ | positiv | • positiv, wenn $\Sigma_s < 2\Sigma_e$ und $g$ hinreichend klein<br>• sonst negativ |

Die Abkürzung IE steht für den Investitionseffekt, während LE den Liquiditätskosteneffekt beschreibt.

# 6 Diskussion

In diesem Kapitel werden einige Annahmen, insbesondere die auf Basis der Risikoquellen unterstellte Informationsstruktur, die Struktur des Netto-Cashflows der Investition sowie deren Relation zum Vermögenswert und die Nicht-Handelbarkeit der Investition kritisch gewürdigt. Außerdem wird eine Modellmodifikation vorgenommen, um die Übertragbarkeit des Ansatzes auf eine weitere Lernhypothese aus der empirischen Literatur zu zeigen.

## 6.1 Risikoquellen der Cashflows

Die Komposition des stochastischen Payoffs $\mu$ aus zwei unabhängigen Risikoquellen $\mu_s$ und $\mu_e$ ist in zweierlei Hinsicht von besonderer Bedeutung für das vorgestellte Modell. Es ermöglicht die Unterstellung einer Informationsstruktur, die die Diversität beziehungsweise Asymmetrie von Informationen auf Finanzmärkten widerspiegelt. Damit ist es möglich, zwei Informationsverarbeitungsprozesse des Entrepreneurs auf Basis zweier unkorrelierter Teile des stochastischen Payoffs zu berücksichtigen. Darüber hinaus wird mit der Konstruktion von $A(\mu_s; \mu_e)$ und $G(\mu_s)$ eine in der Praxis typische und empirisch nachgewiesene Situation beschrieben, in der die Aktienkurse etablierter Unternehmen und der Netto-Cashflow neuer Investitionsmöglichkeiten korreliert sind. Dies ist unabhängig davon, ob es sich um ein Unternehmen handelt, das auf Basis seines eigenen Aktienpreises eine Investitionsentscheidung trifft, oder um ein privates Unternehmen, das auf den Aktienpreis eines verwandten, börsennotierten Unternehmens blickt (siehe Abschnitt 2.2).

Eine Veränderung der Informationsstruktur oder der Konstruktion der Cashflows kann zu veränderten Ergebnissen führen, insbesondere hinsichtlich des Trade-offs und dem Informationsbeschaffungsverhalten des Entrepreneurs. Unterstellt man beispielsweise, dass $\mu_e$ öffentlich beobachtbar ist, so hat der

Entrepreneur keinen Informationsvorsprung vor den uninformierten Tradern. Dann kann er keinen Insiderhandelsgewinn im Sekundärmarkt erzielen. Der Spekulant agiert als Monopolist. Dies maximiert die Liquiditätskosten des Entrepreneurs und eliminiert den Trade-off, da es dann keinen Liquiditätskosteneffekt gibt. Der Entrepreneur beschafft keine privaten Informationen und konzentriert sich stattdessen vollständig auf die Informationen im Aktienpreis. Umgekehrt verfügt der Spekulant über keinerlei Informationsvorteil, wenn $\mu_s$ öffentlich beobachtbar ist. Entsprechend wird dann der Spekulant nicht handeln und es entstehen keine Liquiditätskosten für den Entrepreneur. Der Anreiz zur Beobachtung des Preises entfällt, da dieser keine neuen Informationen für den Entrepreneur bereithält. Gelangt der Entrepreneur in t=0 hingegen an das private Signal $s_s$ des Spekulanten und umgekehrt, handeln die Informierten auf Basis homogener Informationen. Dann ist der Wettbewerbsdruck unter den informierten Tradern im Sekundärmarkt höher und die Liquiditätskosten des Entrepreneurs entsprechend niedriger. Der Anreiz des Entrepreneurs zur Beobachtung des Preises verschwindet in dieser Situation, sodass es keinen Investitionseffekt gibt. Die Informationsstruktur des Basismodells gewährleistet, dass der Preis für den Entrepreneur neue Informationen enthält, obwohl er ein privates Signal erhält, das ihn in die Lage eines Insiders im Sekundärmarkt versetzt.

Ähnlich verhält es sich mit einer Veränderung des Cashflows der Investition. Man betrachte eine Investition, deren Cashflow von identischen Risikoquellen abhängt wie jener des etablierten Unternehmens. Der Netto-Cashflow der Investition sei gegeben durch

$$G(\mu) = \mu g K - \frac{1}{2} K^2.$$

Das optimale Investitionsvolumen aus Sicht des Entrepreneurs ist dann

$$K^* = g E(\mu | s_e, P).$$

In diesem Setup kann der Entrepreneur im Gegensatz zum Basismodell sein privates Signal ebenfalls zur Investitionsentscheidung nutzen und ist nicht auf den Preis allein angewiesen. Der ex post erwartete Netto-Cashflow der Investition ist dann gegeben durch

$$G(K^*) = g^2 \left( \mu E(\mu|s_e, P) - \frac{1}{2} \left( E(\mu|s_e, P) \right)^2 \right).$$

Der ex ante erwartete Netto-Cashflow der Investition in t=0 ergibt sich zu

$$\Psi = E \left( g^2 \left( \mu E(\mu|P^*) - \frac{1}{2} \left( E(\mu|s_e, P) \right)^2 \right) \right)$$

$$= g^2 \left( \mu_0^2 + cov(\mu, P^*) - \frac{1}{2} \left( var(P) + \left( E(P^*) \right)^2 \right) \right)$$

$$= \frac{g^2}{2} (\mu_0^2 + \sigma_P^2).$$

Man beachte, dass $\Psi$ in diesem Szenario positiv von $\sigma_P^2$ und nicht wie im Basismodell von $\Omega_P = \frac{\Sigma_s^2}{4\sigma_P^2}$ abhängt (siehe Gleichung 8). Wie in Abschnitt 4.4 beschrieben, führen die private Informationsbeschaffung und der Insiderhandel des Entrepreneurs zu einer erhöhten Preisvolatilität. Das bedeutet, dass der Effekt von $\tau_e$ auf $\Psi$ in dieser Situation umgekehrt wirkt. Der Investitionseffekt ist positiv. Somit reizen sowohl der Investitionseffekt als auch der Liquiditätskosteneffekt den Entrepreneur zu privater Informationsbeschaffung und Insiderhandel an, was den Trade-off eliminiert. Es kann gezeigt werden, dass der Entrepreneur dann besonders aggressiv im Sekundärmarkt handelt. Der Grund dafür ist, dass das private Signal des Entrepreneurs nun ebenfalls für die Investition relevante Informationen enthält. Deshalb erhöht die Qualität des privaten Signals des Entrepreneurs den erwarteten Netto-Cashflow der Investition. Die Erkenntnis dieser Modellmodifikation unterstreicht den Einfluss der Informationsstruktur beziehungsweise der Relation von Risikoquellen in Cashflows auf unternehmerische Entscheidungen.

## 6.2 Nicht-Handelbarkeit der Investition

Das vorgestellte Modell übernimmt die in der Literatur verbreitete Annahme der Nicht-Handelbarkeit der Investition. Das bedeutet, dass die emittierten Aktien einen Anspruch auf den Vermögenswert des Entrepreneurs, nicht jedoch auf den Netto-Cashflow der Investition repräsentieren. Die in dieser Arbeit beschriebene Situation eines Entrepreneurs mit einer etablierten, öffentlichen Unternehmung und einer privaten Investitionsmöglichkeit wäre eine passende Interpretation dafür.

Dennoch erscheint die Handelbarkeit der Investition als durchaus sinnvolle Erweiterung. Tatsächlich existieren in aktuellen Aufsätzen Methoden, die die Handelbarkeit der Investition modelltheoretisch ermöglichen. Diese sollen an dieser Stelle genauer betrachtet und hinsichtlich ihrer Anwendbarkeit auf das vorgestellte Modell diskutiert werden. Zunächst soll jedoch das grundsätzliche Problem eingehender erläutert werden, das die Handelbarkeit der Investition mit sich bringt.

Wie in Fußnote 6 bereits angeschnitten, führt die Handelbarkeit der Investition zu einer Feedback-Schleife, denn im Falle einer handelbaren Investition entspricht der Preis einer Aktie:

$$P = E(A + G|X)$$
$$= E\left(\mu + g^2\left(\mu_s E(\mu_s|P) - \frac{1}{2}\left(E(\mu_s|P)\right)^2\right)\Big|X\right).$$

An dieser Gleichung wird deutlich, dass der Market-Maker im Rahmen seiner Preisbestimmung sowohl $\mu$ und $\mu_s$ als auch die Erwartung des Entrepreneurs nach Beobachtung des Preises $\left(E(\mu_s|P)\right)$ in t=2 prognostizieren muss. Offensichtlich reflektiert und affektiert der Preis den erwarteten Wert der

Aktie gleichzeitig. Der Preis nimmt eine nichtlineare Struktur in $\mu_s$ an. Das so entstehende Fixpunktproblem schließt eine geschlossene Lösung des Modells aus (vgl. z.B. Foucault und Gehrig, 2008, S. 150; Gao und Liang, 2013, S. 1141; Subrahmanyam und Titman, 1999, S. 1050; Subrahmanyam und Titman, 2001, S. 2392f.).

Um diesem Problem zu begegnen, unterstellen Gao und Liang (2013) eine restriktive, binäre Handelsstruktur. Mit einem einzelnen informierten Trader, dem Spekulanten, und der Gruppe von Noisetradern resultiert diese Handelsstruktur in drei Fallunterscheidungen. Das aggregierte Handelsvolumen $X$ kann drei Werte annehmen: $\{-2\sigma_n, 0, 2\sigma_n\}$ (vgl. Gao und Liang, 2013, S. 8).[25] Das hier vorliegende Modell berücksichtigt zwei informierte Trader sowie die Noisetrader. Es sei unterstellt, dass beide Informierten je ein privates Signal lernen, das gut ($H$) oder schlecht ($L$) sein kann. Bei einem guten Signal wird die Aktie nachgefragt, bei einem schlechten Signal angeboten. Entsprechend können der Spekulant, der Entrepreneur sowie die Noisetrader jeweils eine Menge von $\sigma_n$ oder $-\sigma_n$ handeln. Damit ergeben sich acht Fallunterscheidungen hinsichtlich der Zusammensetzung des Handelsvolumens, welches in dieser Konstruktion vier Werte annehmen kann: $\{-3\sigma_n, -\sigma_n, \sigma_n, 3\sigma_n\}$. Zwei der acht Fälle ($-3\sigma_n$ und $3\sigma_n$) implizieren einen Preis, der die privaten Informationen des Spekulanten und des Entrepreneurs vollständig und für jeden Marktteilnehmer offenlegt. Desweiteren gibt es Fälle, in denen der Entrepreneur sicher auf das Signal des Spekulanten zurückschließen kann und umgekehrt. Ist zum Beispiel $X = \sigma_n$ und das Signal des Entrepreneurs schlecht ($s_e = L$), so weiß dieser, dass der Spekulant ein gutes Signal ($s_s = H$) erhalten haben muss, vorausgesetzt es existieren keine Anreize zur Täuschung. Ebenso kann er aus $X = -\sigma_n$ und $s_e = H$ auf

---

[25] Beachte, dass $\sigma_n$ an dieser Stelle eine festgelegte Handelsmenge bezeichnet und nicht, wie im Modell der vorliegenden Arbeit, die Streuung des Noisetradings.

$s_S = L$ schließen. Dies sind unerwünschtes Eigenschaften, geht es in der Arbeit doch gerade um die Verarbeitung unvollkommener beziehungsweise unsicherer Informationen.[26]

Überdies kann die Limitierung der informierten Nachfragen $x_i \in \{-\sigma_n, \sigma_n\}$ aufgrund der unterstellten Risikoneutralität der Marktteilnehmer kaum begründet werden. Ferner eliminiert eine binäre Handelsstruktur den Verdrängungseffekt des Entrepreneurs auf den Spekulanten über dessen gehandelte Menge. Die mengenmäßige Verdrängung des Spekulanten ist ein zentrales Element dieser Arbeit. Bei einer binären Handelsstruktur mit limitierten Nachfragen könnte die Verdrängung des Spekulanten lediglich über einen vollständigen Rückzug aus dem Markt dargestellt werden.

Ein weiterer Nachteil dieses Ansatzes besteht darin, dass die notwendigen Fallunterscheidungen zu erheblich komplexeren Ausdrücken im Rahmen der Zielfunktion führen, da diese Rechnungen auf den vorbereitenden Ergebnissen des Sekundärmarkthandels aufbauen. Die Einführung einer binären Handelsstruktur ermöglicht zwar die Handelbarkeit der Investition, birgt jedoch einige andere erhebliche Schwierigkeiten und erscheint somit nicht als adäquates Mittel zur Lockerung der getroffenen Annahme.

Goldstein et al. (2013) und Goldstein und Yang (2014a) führen anstelle von Noisetradern eine Angebotskurve ein, die durch nicht modellierte Liquiditätstrader zustande kommt. Diese Angebotskurve steigt im Preis. In der vorliegenden Arbeit rekrutieren sich die Noisetrader jedoch aus der Gruppe der Primärmarktinvestoren. Diese Investoren antizipieren ihre Handelsverluste im Sekundärmarkt und schützen sich durch einen entsprechenden Preisabschlag im Primärmarkt. Den Liquiditätsschock können sie ausschließlich durch den Sekundärmarkthandel befriedigen. Je höher der Preis ist, desto

---

[26] In Bade und Hirth (2015) wird der Ansatz mit einer binären Handelsstruktur von Gao und Liang (2013) übernommen und ein von diesem verschiedenes Modell entwickelt, das einer identischen Forschungsfrage wie das vorliegende Buch nachgeht.

weniger müssen die Investoren handeln, um ihrem Liquiditätsschock zu begegnen. Daher ist die Annahme einer im Preis steigenden Angebotskurve im vorliegenden Modell nicht geeignet.

Mit diesen Überlegungen wird deutlich, dass zwar Methoden zur Lockerung der diskutierten Annahme existieren, diese jedoch in diesem Modell nicht zweckdienlich sind.

## 6.3    Lernen von Peers

An dieser Stelle soll die im Literaturteil angeschnittene Differenzierung des Informational-Feedback-Effekts aufgegriffen werden. Während das Grundmodell die Hypothese über die Beeinflussung von Investitionsentscheidungen eines Unternehmens durch den eigenen Aktienkurs behandelt, kann es durch leicht veränderte Annahmen hinsichtlich der Eigentumsverhältnisse des Vermögenswerts und der Investition auf die Learning-from-Peers-Hypothese übertragen werden.

Konkret müsste die Annahme verändert werden, dass sowohl der gehandelte Vermögenswert als auch die Investitionsmöglichkeit in das Kalkül des Entrepreneurs einfließen. Die Interpretation des gehandelten Vermögenswert $A$ als ein Peer-Unternehmen und die private Investition $G$ des Entrepreneurs als eine Möglichkeit, ein neues, eigenständiges Unternehmen zu gründen, beschreibt eine Situation, die Foucault und Fresard (2014) in ihrer empirischen Studie thematisieren. In dieser speziellen Situation lernt ein zunächst privates und später öffentlich gehandeltes Unternehmen aus den Marktpreisen seiner Peers. Foucault und Fresard (2014, S. 555) betonen, dass ein Peer nicht zwangsläufig ein konkurrierendes Unternehmen darstellen muss. Stattdessen können der Peer und das private Unternehmen einander komplementieren. Das heißt, dass der Peer beispielsweise ein Computerhersteller und das zu gründende Unternehmen ein Softwareentwickler ist.

Die Timeline verändert sich in diesem Setup wie folgt:

Tabelle 6: Modifizierte Timeline

| Zeitpunkt t=0 | t=1 | t=2 | t=3 |
|---|---|---|---|
| IPO des Peers | Entrepreneur und Spekulant lernen private Signale; Liquiditätsschock wird realisiert; Handel im Sekundärmarkt findet statt | Entrepreneur beobachtet Peer-Preis und trifft Investitionsentscheidung | Cashflows des Peers und der Investition werden realisiert |

Die Konstruktion des unsicheren Payoffs $\mu = \mu_s + \mu_e$ (des Peers) und die Informationsstruktur können unverändert bleiben. Die Investition in die Gründung des neuen Unternehmens produziert einen Cashflow, der zwar von denselben Marktgegebenheiten (z.b. Nachfrage), jedoch von unterschiedlichen internen Faktoren (z.b. Produktionstechnologie) im Vergleich zum Cashflow des Peers abhängt. Zur Veranschaulichung kann auch hier die Konstellation mit einem Computerhersteller und einem Softwareproduzenten dienen. Es ist naheliegend, dass die Nachfragen nach Computern und Software positiv korrelieren. Interne Produktionstechnologien und -prozesse sollten sich hingegen deutlich voneinander unterscheiden. Die Netto-Cashflows

$$A = \mu$$

und

$$G = \mu_s g K - \frac{1}{2} K^2$$

können ebenfalls unverändert bleiben. Somit etabliert $\mu_s$ einen Zusammenhang zwischen dem Preis des Peers und der Investitionsmöglichkeit, obwohl diese zwei eigenständige Unternehmen sind beziehungsweise sein werden.

Die unterstellte Informationsstruktur stellt auch in dieser Modellmodifikation sicher, dass der Entrepreneur neue Informationen aus dem Preis des Peers lernen kann und durch den Handel auf Basis von Insiderinformationen die Preisinformativität beeinflusst. Ferner impliziert die Informationsstruktur, dass der Entrepreneur beispielsweise ein eigenständiges Spin-off des Computerherstellers (Peer) gründet, über die Produktionstechnologie des Computerherstellers informiert ist und sich die zur Gründung notwendigen Informationen über den Absatzmarkt über die Marktbewertung des Peers beschaffen muss.

In diesem Setup spielen der tatsächliche Wert des Peers und mögliche Preisabschläge im Primärmarkt keine Rolle für den Entrepreneur, da er weder der Eigentümer des gehandelten Unternehmens noch der Emittent der Anteile ist. Vielmehr kann er sich bei seiner privaten Informationsbeschaffung auf eine effiziente Investition konzentrieren. Hinzu kommt in dieser Modifikation jedoch, dass er den Handelsgewinn, den er im Sekundärmarkthandel mit den Anteilen des Peers erzielt, auch tatsächlich realisieren kann. Anders als im Grundmodell muss der Handelsgewinn nicht mit gleichhohen Liquiditätskosten gegengerechnet werden. Da der Entrepreneur bereits im Grundmodell als Gewinnmaximierer im Sekundärmarkt agiert, ändert sich am erwarteten Handelsgewinn $E(\pi_e)$ nichts. Die Zielfunktion des Entrepreneurs kann wie folgt notiert werden:

$$V_0 = \Psi + E(\pi_e) - C.$$

Folglich existiert im Rahmen seiner Optimierung, anstelle des im Grundmodell positiven Liquiditätskosteneffekts, ein ebenfalls positiver Effekt auf seinen erwarteten Handelsgewinn. In Kapitel 4.2 wurde festgestellt, dass $\frac{dE(\pi_e)}{d\tau_e} > 0$ ist. Fasst man die Handelsgewinne im Sekundärmarkt als eine Quelle von Liquidität für den Entrepreneur auf, kann an dieser Stelle von einem direkt positiven *Liquiditätseffekt* gesprochen werden. Die positive Wirkung des Liquiditätskosteneffekts im Grundmodell rührte bekanntlich daher, dass die Liquiditätskosten negativ in der Zielfunktion des Entrepreneurs berücksichtigt werden mussten und durch die Verdrängung des Spekulanten gesenkt werden konnten.

Der Investitionseffekt und die Wirkung der direkten Informationsbeschaffungskosten bestehen unverändert. Die Bedingung erster Ordnung ist damit ähnlich jener des Grundmodells:

$$\frac{dV_0}{d\tau_e} = \frac{d\Psi}{d\tau_e} + \frac{dE(\pi_e)}{d\tau_e} - \frac{dC}{d\tau_e} = 0.$$

Das bedeutet, dass der Entrepreneur sich auch in dieser Modellmodifikation einem Trade-off aus Investitions- und Liquiditätsmotiven gegenübersieht. Eine präzisere Informationsbeschaffung und die damit einhergehende erhöhte Aggressivität im Sekundärmarkthandel führen zu höheren Handelsgewinnen für den Entrepreneur. Diesen Handelsgewinn bezahlt er jedoch in Form einer geringeren Preisinformativität. Darunter leidet die eigene Investitionsentscheidung.

Diese Überlegungen zeigen, dass das vorliegende Modell durch eine geringfügige Modifikation auf aktuelle, empirische Befunde zur Learning-from-Peers-Hypothese anwendbar ist. Nebenbei sei noch angemerkt, dass die Nicht-Handelbarkeit der Investition in diesem Setup sogar weit weniger kritisch anmutet als im Grundmodell.

# 7 Schlussfolgerungen und Ausblick

Welche Effekte haben der informierte Aktienhandel und das Lernen aus Preisen auf unternehmerische Entscheidungen bei gegebener Investitionsmöglichkeit? Zur Investigation dieser Fragestellung betrachtet das vorliegende Modell das Informationsbeschaffungs- und Trading-Verhalten eines Entscheidungsträgers – hier ein Entrepreneur – mit einer etablierten Unternehmung und einer sich bietenden Investition. Zu diesem Zweck wird ein klassisches Insiderhandelsmodell zugrunde gelegt und um eine vorgeschaltete Stufe mit endogener Informationsbeschaffung sowie eine nachgelagerte Stufe mit endogener Investitionsentscheidung ergänzt. Auf diese Weise finden zwei Lernmechanismen Berücksichtigung. Durch den Einkauf eines privaten Signals lernt der Entrepreneur Informationen aus dem Inneren eines etablierten Unternehmens. Zusätzlich können öffentliche Informationen aus dessen Aktienpreis geschöpft werden. Die Effekte des Sekundärmarkthandels auf Basis privater Informationen und das Lesen des sich einstellenden Preises steuern die nachgelagerte Investitionsentscheidung des Entrepreneurs.

Im Rahmen der Lösung des Modells wird ein Trade-off aus zwei Effekten dargestellt, der das Informationsbeschaffungsverhalten des Entrepreneurs determiniert. Zudem beeinflusst der Trade-off die Investitionsentscheidung. Konkret wird ein Investitionseffekt identifiziert, der aus einer Reduktion der Preisinformativität infolge des Insiderhandels des Entrepreneurs resultiert und den erwarteten Netto-Cashflow der Investition senkt. Dieser Effekt reizt den Entrepreneur zu weniger präziser privater Informationsbeschaffung an, um effizient zu investieren. Der Investitionseffekt wird verstärkt durch die Profitabilität der Investition und die Qualität der Informationsverarbeitung des Spekulanten. Investitionseffizienz hat jedoch ihren Preis. Dieser drückt sich durch Liquiditätskosten aus. Im Gegensatz zum Investitionseffekt reizt der Liquiditätskosteneffekt den Entrepreneur zu einer präziseren Beschaffung privater Informationen an, da ihm diese die teilweise Verdrängung des

Spekulanten aus dem Markt ermöglichen. Noise verstärkt diesen Effekt, da es der Camouflage des informierten Handels des Spekulanten und damit der Erhöhung seines Handelsgewinns dient. Der Einfluss der Signalinformativität des Spekulanten ist hingegen nicht eindeutig.

Die Arbeit bietet eine theoretische Grundlage für die Hypothese, dass die Börsenbewertung etablierter Unternehmen neue Informationen für Entscheidungsträger bereithält und damit Investitionsentscheidungen beeinflusst. Die Ergebnisse weisen darauf hin, dass parallel auch Anreize zur privaten Informationsbeschaffung bestehen und das Lernen aus Preisen nicht zum ultimativen Ziel im Rahmen der unternehmerischen Informationsverarbeitung erklärt werden kann. Mit der Endogenisierung der privaten und öffentlichen Informationsbeschaffung des Entscheiders ergänzt das Modell die Literatur zum Informational-Feedback-Effekt.

Die Berücksichtigung zweier Risikoquellen im Cashflow ermöglicht die Herstellung einer Verbindung zwischen der Informationsverarbeitung und dem Thema des Insiderhandels. Die zweistufige Optimierung (zunächst Informationsqualität, anschließend Nachfragemenge im Sekundärmarkt) liefert sowohl Einblicke in das Lernverhalten von Unternehmern als auch in die Informationsaggregation und -reflexion von Preisen. Während Offenlegung als aktives Werkzeug gezielt Informationsasymmetrien im Markt zu beseitigen versucht, stellt die private Informationsbeschaffung und teilweise Preisgabe über den Aktienkurs ein in der Literatur weit weniger diskutiertes und dennoch wirkungsvolles Instrument dar. Dabei wird nicht darauf abgezielt, Informationsvorteile von Spekulanten zu beseitigen. Stattdessen wird ein Wettbewerbsdruck erzeugt. Auf diese Weise werden Spekulanten nicht vollständig aus dem Markt sondern lediglich teilweise zurückgedrängt. Aus einer höheren Perspektive schärft das Modell somit auch das Verständnis von Anreizen für die Beschaffung von Insiderinformationen und für Insiderhandel, da es tiefere Einsichten in ein potenzielles Kalkül von Unternehmern und die mit Insiderhandel einhergehenden Effekte auf andere Marktteilnehmer bietet.

Zum Abschluss der Arbeit sollen Fragestellungen für künftige, modelltheoretische Ansätze motiviert werden. Weiterer Forschungsbedarf besteht aufgrund der Schnittstelleneigenschaft des Themas in vielerlei Richtungen. Zunächst wäre die zusätzliche Endogenisierung der Informationsbeschaffung des Spekulanten eine sinnvolle Erweiterung. Mit dieser wären Aussagen über die strategische Interaktion asymmetrisch informierter Trader möglich. Anders als in der Literatur würden der Spekulant und der Entrepreneur in unterschiedlichen Kalkülen optimieren. Dies führt zu einer asymmetrischen Interaktion.[27]

Zudem könnte man die Informationsstruktur dahingehend erweitern, dass der Entrepreneur und der Spekulant korrelierte Signale lernen. Diese Erweiterung hätte einen Einfluss auf die private Informationsbeschaffung des Entrepreneurs und könnte in Verbindung mit der Endogenisierung der Informationsqualität des Spekulanten weitere oder veränderte Einblicke in die strategische Interaktion der Trader liefern. In dieser Arbeit wurde aus Komplexitätsgründen sowohl auf die Endogenisierung des Spekulanten als auch auf korrelierte Signale verzichtet.

Die Handelbarkeit der Investition wäre eine ebenso interessante Modifikation. Dies ist aus den genannten Gründen hier nicht erfolgt, grundsätzlich allerdings im Rahmen einer binären Handelsstruktur möglich. Damit berücksichtigt man einen zusätzlichen Feedback-Effekt von der Investition zurück zum Preis. Der Trade-off bleibt qualitativ bestehen, da er seine Ursache im Feedback vom Preis zur Investition hat, jedoch können zusätzliche Einblicke

---

[27] Goldstein und Yang (2014b) befassen sich mit der strategischen Interaktion von Tradern in der Informationsproduktion mit symmetrischen Kalkülen. Dabei identifizieren die Autoren eine grundsätzlich symmetrische Reaktion der Handelsintensitäten der Trader, trotz asymmetrischer Information. Die angesprochene asymmetrische Interaktion infolge unterschiedlicher Kalküle zeigen Bade und Hirth (2015).

in den Informationsfluss zwischen Preis und Realentscheidung gewonnen werden.[28]

Ferner könnte man das Modell durch eine Veränderung der Timeline insofern abwandeln, als dass es zur Untersuchung des Underpricings im Rahmen des IPOs des etablierten Unternehmens dienen kann. Dazu könnte man unterstellen, dass der Spekulant sein privates Signal zeitgleich mit dem Entrepreneur, das heißt vor der Öffnung des Primärmarktes, erhält. Dadurch kommt es sowohl im Primär- als auch im Sekundärmarkt zu informierten Nachfragen, was die Ergebnisse signifikant verändern sollte. Nicht zuletzt könnte ein derartiges Modell neue Erkenntnisse zu IPOs liefern.

---

[28] Auch diese Erweiterung nehmen Bade und Hirth (2015) vor.

# Anhang

# Anhang A: Handel im Sekundärmarkt

*Gleichgewichtige Preis- und Nachfragefunktionen*

In Anhang A werden die gleichgewichtigen Nachfragefunktionen des Spekulanten und des Entrepreneurs sowie der sich einstellende Preis hergeleitet.
Dazu werden zunächst die bedingten Erwartungen der informierten Trader
über den stochastischen Payoff $\mu$ ermittelt.

Ausgehend von seinem privaten Signal $s_s$ hat der Spekulant folgende Erwartung:

$$E(\mu|s_s) = E(\mu) + \frac{cov(\mu, s_s)}{var(s_s)}\left(s_s - E(s_s)\right)$$

$$= \mu_0 + \frac{cov(\mu_s, \mu_s + \theta)}{var(\mu_s + \theta)}\left(s_s - \frac{\mu_0}{2}\right)$$

$$= \mu_0 + \frac{\sigma_s^2}{\sigma_s^2 + \sigma_\theta^2}\left(s_s - \frac{\mu_0}{2}\right).$$

Die Präzision des Spekulanten ist folgendermaßen definiert:

$$\tau_s \equiv \frac{\sigma_s^2}{\sigma_s^2 + \sigma_\theta^2}.$$

Damit kann die Erwartung des Spekulanten umgeschrieben werden zu

$$E(\mu|s_s) = \mu_0 + \tau_s\left(s_s - \frac{\mu_0}{2}\right). \tag{A1}$$

In analoger Vorgehensweise kann der Erwartungswert des Entrepreneurs bestimmt werden. Mit seinem privaten Signal $s_e$ erwartet der Entrepreneur folgenden Cashflow:

$$E(\mu|s_e) = E(\mu) + \frac{cov(\mu, s_e)}{var(s_e)}\left(s_e - E(s_e)\right).$$

Dies kann vereinfacht werden zu

$$E(\mu|s_e) = \mu_0 + \tau_e\left(s_e - \frac{\mu_0}{2}\right). \tag{A2}$$

Der Market-Maker nimmt die entsprechende Gegenposition zum beobachteten Angebots- oder Nachfrageüberschuss ein und setzt dabei den markträumenden Preis. Die Preissetzung des Market-Makers ist eine lineare Funktion
in Abhängigkeit des Handelsvolumens. Die linearen Nachfragefunktionen
$x_i = \delta + \gamma E(\mu|s_i)$ der informierten Trader antizipierend, folgt für die bedingte Erwartung des Market-Makers über den Cashflow des Vermögens-
werts:

$$P(X) = E(\mu|X)$$
$$= E(\mu) + \frac{cov(\mu, X)}{var(X)}\left(X - E(X)\right)$$
$$= E(\mu) + \frac{cov(\mu, \delta + \gamma E(\mu|s_s) + \delta + \gamma E(\mu|s_e) + n)}{var(\delta + \gamma E(\mu|s_s) + \delta + \gamma E(\mu|s_e) + n)}\left(X - E(X)\right).$$

Folglich kann die lineare Regel der Preissetzung wie folgt notiert werden:

$$P(X) = \phi + \lambda X, \tag{A3}$$

wobei

$$\phi = E(\mu) - \lambda E(X)$$

und

$$\lambda = \frac{\gamma(\tau_s\sigma_s^2 + \tau_e\sigma_e^2)}{\gamma^2(\tau_s\sigma_s^2 + \tau_e\sigma_e^2) + \sigma_n^2}$$

sind.

Die informierten Trader maximieren ihre erwarteten Handelsgewinne auf Basis ihrer bedingten Erwartungen von $\mu$ und der linearen Preissetzungsregel des Market-Makers. Das Maximierungsproblem des Spekulanten lautet:

$$\max_{x_S}\big(x_S E(\mu - P(X)|s_S)\big).$$

Einsetzen der Gleichungen (A1) und (A3) ergibt:

$$\max_{x_S}\Big(x_S\big(E(\mu|s_S) - E(\phi + \lambda X|s_S)\big)\Big).$$

Da die privaten Signale der informierten Trader Informationen über unterschiedliche und unabhängige Teile des stochastischen Payoffs enthalten, sind die Signale unkorreliert. Demnach kann keiner der beiden Informierten aus seinem privaten Signal eine aussagekräftige Annahme über das Signal des Konkurrenten treffen. Desweiteren ist die Nachfrage der Noisetrader im Erwartungswert null und der Parameter $\phi$ konstant. Folglich gilt:

$$E(\phi + \lambda X|s_S) = \phi + \lambda x_S.$$

Damit kann das Maximierungsproblem wie folgt formuliert werden:

$$\max_{x_S}\Big(x_S\big(E(\mu|s_S) - (\phi + \lambda x_S)\big)\Big)$$

beziehungsweise

$$E(\mu|s_S) - \phi - 2\lambda x_S = 0.$$

Auflösen nach $x_S$ liefert folgende lineare Nachfunktion des Spekulanten:

$$x_S = \delta + \gamma E(\mu|s_S), \tag{A4}$$

wobei

$$\delta = -\frac{\phi}{2\lambda}$$

ist und

$$\gamma = \frac{1}{2\lambda}$$

für die Sensitivität der Nachfrage des Spekulanten bezüglich seiner bedingten Erwartung von $\mu$ steht.

Ebenfalls als lineare Funktion kann die Nachfrage des Entrepreneurs mit folgendem Ergebnis hergeleitet werden:

$$x_e = \delta + \gamma E(\mu|s_e). \tag{A5}$$

Die Parameter $\delta$ und $\gamma$ sind identisch mit jenen des Spekulanten.

Es liegen nun vier Gleichungen für vier unbekannte Größen vor:

$$\phi = E(\mu) - \lambda E(X), \tag{A6}$$

$$\lambda = \frac{\gamma(\tau_s \sigma_s^2 + \tau_e \sigma_e^2)}{\gamma^2(\tau_s \sigma_s^2 + \tau_e \sigma_e^2) + \sigma_n^2}, \tag{A7}$$

$$\delta = -\frac{\phi}{2\lambda}, \tag{A8}$$

$$\gamma = \frac{1}{2\lambda}. \tag{A9}$$

Die Lösung des Gleichungssystems beginnt mit Gleichung A6. Aus Sicht des Market-Makers gilt für das erwartete aggregierte Handelsvolumen:

$$E(X) = E(x_e + x_s + n) = 0.$$

Das liegt daran, dass er weder die privaten Signale der informierten Trader kennt, noch die Nachfrage der Noisetrader beobachten kann. Er erwartet daher keinen Nachfrage- oder Angebotsüberschuss. Also folgt aus A6 unmittelbar folgendes:

$$\phi^* = E(\mu) = \mu_0.$$

Die Substitution von A9 in A7 führt zu folgender Lösung für $\lambda^*$:

$$\lambda = \frac{\frac{1}{2\lambda}(\tau_s \sigma_s^2 + \tau_e \sigma_e^2)}{\frac{1}{4\lambda^2}(\tau_s \sigma_s^2 + \tau_e \sigma_e^2) + \sigma_n^2}$$

$$\lambda \left( \frac{1}{4\lambda^2}(\tau_s \sigma_s^2 + \tau_e \sigma_e^2) + \sigma_n^2 \right) = \frac{1}{2\lambda}(\tau_s \sigma_s^2 + \tau_e \sigma_e^2)$$

$$\lambda^* = \frac{\sqrt{\tau_s \sigma_s^2 + \tau_e \sigma_e^2}}{2\sigma_n}.$$

Im letzten Lösungsschritt werden $\phi^*$ und $\lambda^*$ in die Gleichungen A8 und A9 eingesetzt. Vereinfacht ergeben sich nachstehende Lösungen:

$$\delta^* = - \frac{\mu_0 \sigma_n}{\sqrt{\tau_s \sigma_s^2 + \tau_e \sigma_e^2}},$$

$$\gamma^* = \frac{\sigma_n}{\sqrt{\tau_s \sigma_s^2 + \tau_e \sigma_e^2}}.$$

Zur Bestimmung der gleichgewichtigen Nachfrage des Spekulanten werden diese vier Parameter in Gleichung A4 eingesetzt. Es gilt:

$$x_s = \delta + \gamma E(\mu|s_s)$$

$$= - \frac{\mu_0 \sigma_n}{\sqrt{\tau_s \sigma_s^2 + \tau_e \sigma_e^2}} + \frac{\sigma_n}{\sqrt{\tau_s \sigma_s^2 + \tau_e \sigma_e^2}} E(\mu|s_s).$$

Damit ist die optimal Nachfrage des Spekulanten

$$x_s^* = \frac{\sigma_n \tau_s}{\sqrt{\tau_s \sigma_s^2 + \tau_e \sigma_e^2}} \left( s_s - \frac{\mu_0}{2} \right) \qquad (A10)$$

und die des Entrepreneurs analog

$$x_e^* = \frac{\sigma_n \tau_e}{\sqrt{\tau_s \sigma_s^2 + \tau_e \sigma_e^2}} \left( s_e - \frac{\mu_0}{2} \right). \qquad (A11)$$

Die Gleichgewichtsparameter dienen ferner folgender Umformulierung des Preises:

$$P = \phi + \lambda X = E(\mu) + \lambda(x_s^* + x_e^* + n).$$

Mit A10 und A11 kann der Gleichgewichtspreis wie folgt aufgestellt werden:

$$P^* = \mu_0 + \frac{\tau_s}{2} \left( s_s - \frac{\mu_0}{2} \right) + \frac{\tau_e}{2} \left( s_e - \frac{\mu_0}{2} \right) + \lambda^* n. \qquad (A12)$$

Das ist der letzte Teil des in Abschnitt 4.2 beschriebenen Gleichgewichts im Sekundärmarkthandel. Im nächsten Schritt werden zusätzlich die erwarteten Handelsgewinne der informierten Trader und anschließend der Einfluss der Signalpräzisionen dargestellt.

*Erwartete Handelsgewinne*

Mit den Vorbereitungen aus den vorangegangen Rechnungen wird in diesem Abschnitt der erwartete Handelsgewinn des Spekulanten hergeleitet und anschließend der des Entrepreneurs abgeleitet.

Nach dem Erhalt seines privaten Signals und der Beobachtung des Gleichgewichtspreises erwartet der Spekulant folgendermaßen vom Handel im Sekundärmarkt zu profitieren:

$$\pi_s = x_s^*(E(\mu|s_s, P^*) - P^*),$$

wobei die ex post Erwartung von $\mu$ im Gegensatz zur ex ante Erwartung zusätzlich den beobachteten Aktienpreis enthält. Dieser Erwartungswert ist

$$E(\mu|s_s, P^*) = E(\mu) + \frac{cov(\mu, s_s)}{var(s_s)}\left(s_s - E(s_s)\right) + \frac{cov(\mu, P^*)}{var(P^*)}\left(P^* - E(P^*)\right)$$

$$= P^* + \tau_s\left(s_s - \frac{\mu_0}{2}\right).$$

Mit Gleichung A10 folgt:

$$\pi_s = \frac{\sigma_n \tau_s}{\sqrt{\tau_s \sigma_s^2 + \tau_e \sigma_e^2}}\left(s_s - \frac{\mu_0}{2}\right)\left(P^* + \tau_s\left(s_s - \frac{\mu_0}{2}\right) - P^*\right)$$

$$= \frac{\sigma_n \tau_s^2}{\sqrt{\tau_s \sigma_s^2 + \tau_e \sigma_e^2}}\left(s_s - \frac{\mu_0}{2}\right)^2.$$

Bildet man über diesen ex post erwarteten Handelsgewinn den unbedingten Erwartungswert, so erhält man den ex ante erwarteten Handelsgewinn des Spekulanten aus der Perspektive t=0:

$$E(\pi_s) = \frac{\sigma_n \tau_s^2}{\sqrt{\tau_s \sigma_s^2 + \tau_e \sigma_e^2}}E\left(\left(s_s - \frac{\mu_0}{2}\right)^2\right)$$

$$= \frac{\sigma_n \tau_s^2}{\sqrt{\tau_s \sigma_s^2 + \tau_e \sigma_e^2}}\left(var\left(s_s - \frac{\mu_0}{2}\right) + E^2\left(s_s - \frac{\mu_0}{2}\right)\right),$$

wobei

$$E\left(s_s - \frac{\mu_0}{2}\right) = 0.$$

Es folgt für den erwarteten Handelsgewinn des Spekulanten schließlich:

$$E(\pi_s) = \frac{\sigma_n \tau_s \sigma_s^2}{\sqrt{\tau_s \sigma_s^2 + \tau_e \sigma_e^2}}.$$

Analog ergibt sich der erwartete Handelsgewinn des Entrepreneurs zu:

$$E(\pi_e) = \frac{\sigma_n \tau_e \sigma_e^2}{\sqrt{\tau_s \sigma_s^2 + \tau_e \sigma_e^2}}.$$

*Einfluss der Signalpräzisionen auf die erwarteten Handelsgewinne*

An dieser Stelle werden die Wirkungen der Signalpräzisionen auf die erwarteten Handelsgewinne der informierten Trader analytisch gezeigt. Konkret werden die positive Reaktion des Handelsgewinns des Traders $i$ auf sein eigenes privates Signal und die negative Reaktion auf das private Signal des Konkurrenten nachgewiesen. Für Erstere wird $E(\pi_i)$ nach $\tau_i$ abgeleitet:

$$\frac{dE(\pi_i)}{d\tau_i} = \frac{\sigma_i^2}{2}\left(\frac{1}{\lambda} + \tau_i \frac{d\left(\frac{1}{\lambda}\right)}{d\tau_i}\right)$$

$$= \frac{\sigma_i^2}{2}\left(\frac{2\sigma_n}{\sqrt{\tau_i \sigma_i^2 + \tau_j \sigma_j^2}} - \tau_i \frac{\sigma_n \sigma_i^2}{\left(\tau_i \sigma_i^2 + \tau_j \sigma_j^2\right)^{\frac{3}{2}}}\right)$$

$$= \frac{\sigma_i^2 \sigma_n}{2\left(\tau_i \sigma_i^2 + \tau_j \sigma_j^2\right)^{\frac{3}{2}}}\left(\tau_i \sigma_i^2 + 2\tau_j \sigma_j^2\right) > 0.$$

Dies belegt die positive Wirkung der eigenen privaten Signalpräzision auf den erwarteten Handelsgewinn des Traders $i$.

Im Gegensatz dazu ergibt sich für die Ableitung von $E(\pi_i)$ nach $\tau_j$:

$$\frac{dE(\pi_i)}{d\tau_j} = \frac{\tau_i \sigma_i^2}{2} \frac{d\left(\frac{1}{\lambda}\right)}{d\tau_j}$$

$$= -\frac{\sigma_n \sigma_i^2 \sigma_j^2 \tau_i}{2\left(\tau_i \sigma_i^2 + \tau_j \sigma_j^2\right)^{\frac{3}{2}}} < 0.$$

Die negative Ableitung unterstreicht die Existenz des Verdrängungseffekts.

## Anhang B: Preisinformativität

Anhang B leitet die in Kapitel 4.3 definierte Preisinformativität her. Definiere dazu zunächst die Informativität eines privaten Signals

$$s_i = \mu_i + \alpha$$

über die $i$-Komponente des stochastischen Payoffs, wobei $\alpha$ allgemein für einen Noiseterm steht, wie folgt:

$$\Sigma_i \equiv var(\mu) - var(\mu|s_i).$$

Allgemein gilt für bedingte Varianzen:

$$var(X|Y) = var(X) - \frac{\big(cov(X,Y)\big)^2}{var(Y)}.$$

Damit folgt hier:

$$\begin{aligned}
\Sigma_i &= var(\mu) - \left( var(\mu) - \frac{cov^2(\mu, s_i)}{var(s_i)} \right) \\
&= \frac{cov^2(\mu, s_i)}{var(s_i)} \\
&= \frac{\left( \dfrac{\sigma_i^2}{\sigma_i^2 + \sigma_\alpha^2} \right)^2}{\sigma_i^2 + \sigma_\alpha^2}.
\end{aligned}$$

Vereinfachen führt unter Berücksichtigung der Definition für die Präzision zu

$$\Sigma_i = \tau_i \sigma_i^2. \tag{B1}$$

Definiere die Preisinformativität als

$$\Omega_P \equiv var(\mu_s | s_e) - var(\mu_s | s_e, P^*).$$

Mithilfe der Gleichung B1 folgt:

$$\begin{aligned}
\Omega_P &= var(\mu_s) - \frac{cov^2(\mu_s, s_e)}{var(s_e)} \\
&\quad - \left( var(\mu_s) - \frac{cov^2(\mu_s, s_e)}{var(s_e)} - \frac{cov^2(\mu_s, P^*)}{var(P^*)} \right) \\
&= \frac{cov^2(\mu_s, P^*)}{var(P^*)} \\
&= \frac{1}{2} \left( \frac{\Sigma_s^2}{\Sigma_s + \Sigma_e} \right).
\end{aligned}$$

Für den Beweis der zweiten Formulierung für die Preisinformativität wird die Volatilität des Preises benötigt. Zu diesem Zweck sei die Preisvolatilität definiert als die Varianz des gleichgewichtigen Preises:

$$\sigma_P^2 \equiv var(P) = var\left( \mu_0 + \frac{\tau_s}{2}\left(s_s - \frac{\mu_0}{2}\right) + \frac{\tau_e}{2}\left(s_e - \frac{\mu_0}{2}\right) + \lambda^* n \right).$$

Es sei daran erinnert, dass die privaten Signale und die Nachfrage der Noisetrader unabhängige Zufallsvariablen sind. Es gilt:

$$cov(s_s, s_e) = cov(s_s, n) = cov(s_e, n) = 0.$$

Daraus folgt:

$$\begin{aligned}
\sigma_P^2 &= \frac{\tau_s^2}{4} var(s_s) + \frac{\tau_e^2}{4} var(s_e) + \lambda^{*2} var(n) \\
&= \frac{\Sigma_s}{4} + \frac{\Sigma_e}{4} + \lambda^{*2} \sigma_n^2 \\
&= \frac{1}{2}(\Sigma_s + \Sigma_e).
\end{aligned}$$

Mit der Preisvolatilität folgt unmittelbar die alternative Formulierung der Preisinformativität:

$$\Omega_P = \frac{\Sigma_s^2}{4\sigma_P^2}.$$

# Anhang C: Erwarteter Netto-Cashflow der Investition

Im Zeitpunkt t=0 antizipiert der Entrepreneur die nachfolgenden Perioden und bildet seine Erwartung des Netto-Cashflows der Investition. Im Zuge dessen prognostiziert er seine ex post Erwartung über die Marktkomponente $\mu_s$ des stochastischen Payoffs $\mu$. Die Bezeichnung „ex post" bezieht in diesem Zusammenhang auf den Zeitpunkt t=2, das heißt auf eine Situation nach der Beobachtung des Preises. Zudem kennt der Entrepreneur in t=2 sein privates Signal $s_e$. Dieses kann er jedoch nicht für seine Investitionsentscheidung heranziehen, da es unternehmensbezogene Informationen enthält, während die Investition von marktbezogenen Risikoquellen abhängt. Daher gilt für die Erwartung des Entrepreneurs:

$$E(\mu_s|P^*) = E(\mu_s) + \frac{cov(\mu_s, P^*)}{var(P^*)}\left(P^* - E(P^*)\right). \qquad \text{(C1)}$$

Zur Vereinfachung dieses Ausdrucks wird der Term $\frac{cov(\mu_s, P)}{var(P)}$ im Detail betrachtet:

$$\frac{cov(\mu_s, P^*)}{var(P^*)} = \frac{cov\left(\mu_s, \mu_0 + \frac{\tau_s}{2}\left(s_s - \frac{\mu_0}{2}\right) + \frac{\tau_e}{2}\left(s_e - \frac{\mu_0}{2}\right) + \lambda^* n\right)}{var\left(\mu_0 + \frac{\tau_s}{2}\left(s_s - \frac{\mu_0}{2}\right) + \frac{\tau_e}{2}\left(s_e - \frac{\mu_0}{2}\right) + \lambda^* n\right)}.$$

Aufgrund der Unabhängigkeit von $\mu_s$, $s_e$ und $n$ lässt sich wie folgt vereinfachen:

$$\frac{cov(\mu_s, P^*)}{var(P^*)} = \frac{\frac{\tau_s \sigma_s^2}{2}}{\frac{\tau_s^2\left(\sigma_s^2 + \sigma_\theta^2\right)}{4} + \frac{\tau_e^2\left(\sigma_e^2 + \sigma_\epsilon^2\right)}{4} + \lambda^{*2}\sigma_n^2}$$

$$= \frac{\dfrac{\tau_s \sigma_s^2}{2}}{\dfrac{\tau_s \sigma_s^2}{4} + \dfrac{\tau_e \sigma_e^2}{4} + \dfrac{1}{4}(\tau_s \sigma_s^2 + \tau_e \sigma_e^2)}.$$

Mit der Definition der Signalinformativität in Gleichung B1 folgt:

$$\frac{cov(\mu_s, P^*)}{var(P^*)} = \frac{\Sigma_s}{\Sigma_s + \Sigma_e}. \tag{C2}$$

Setzt man C2 in C1 ein, folgt für die Erwartung des Entrepreneurs:

$$E(\mu_s|P^*) = \frac{\mu_0}{2} + \frac{\Sigma_s}{\Sigma_s + \Sigma_e}(P^* - \mu_0). \tag{C3}$$

Der ex post erwartete Netto-Cashflow der Investition ist

$$G(K^*) = g^2\left(\mu_s E(\mu_s|P^*) - \frac{1}{2}\left(E(\mu_s|P^*)\right)^2\right). \tag{C4}$$

Definiere

$$\Psi \equiv E\big(G(K^*)\big)$$

und setze C3 in C4 ein. Dann ist der unbedingte Erwartungswert der Investition im Zeitpunkt t=0 folgender:

$$\Psi = E\left(g^2\left(\mu_s E(\mu_s|P^*) - \frac{1}{2}E^2(\mu_s|P^*)\right)\right)$$

$$= g^2\left(E(\mu_s)E\big(E(\mu_s|P^*)\big) + cov\big(\mu_s, E(\mu_s|P^*)\big) - \frac{1}{2}E\big(E^2(\mu_s|P^*)\big)\right)$$

$$= g^2 \left( E(\mu_S)E\big(E(\mu_S|P^*)\big) + cov\big(\mu_S, E(\mu_S|P^*)\big) \right.$$

$$\left. - \frac{1}{2}\Big(var\big(E(\mu_S|P^*)\big) + E^2\big(E(\mu_S|P^*)\big)\Big) \right)$$

$$= \frac{g^2}{4}\left( \frac{\mu_0^2}{2} + \frac{\Sigma_S^2}{\Sigma_S + \Sigma_e} \right).$$

In Anhang B wurde gezeigt, dass die Preisinformativität folgendermaßen notiert werden kann:

$$\Omega_P = \frac{1}{2}\left( \frac{\Sigma_S^2}{\Sigma_S + \Sigma_e} \right). \tag{C5}$$

Durch Einsetzen von C5 kann schließlich die ex ante erwartete Netto-Cashflow der Investition notiert werden als

$$\Psi = \frac{g^2}{2}\left( \frac{\mu_0^2}{4} + \Omega_P \right).$$

# Anhang D: Kalkül des Entrepreneurs und der Trade-off

Der Beweis des Trade-offs erfolgt in zwei Schritten. Im ersten Schritt werden der negative Investitionseffekt und der positive Liquiditätskosteneffekt hergeleitet. Anschließend wird gezeigt, dass eine optimale innere Lösung $\tau_e^*$ existiert, die die Zielfunktion des Entrepreneurs im Zeitpunkt t=0 maximiert.

*Effekte des Trade-offs*

In Abschnitt 5.3 wurde ein negativer Einfluss der Präzision des Entrepreneurs auf die Preisinformativität und damit auf den erwarteten Netto-Cashflow der Investition festgestellt. Für den Beweis dieser Aussage wird $\Psi$ nach $\tau_e$ abgeleitet:

$$\frac{d\Psi}{d\tau_e} = -\frac{g^2\sigma_e^2}{4}\left(\frac{\Sigma_s}{\Sigma_s + \tau_e\sigma_e^2}\right)^2 < 0.$$

Die Ableitung und damit der Investitionseffekt sind eindeutig negativ.

Ebenfalls in Abschnitt 5.3 wurde der negative Effekt der Präzision auf die Liquiditätskosten beschrieben. $\Pi$ wird nach $\tau_e$ abgeleitet:

$$\frac{d\Pi}{d\tau_e} = -\frac{\sigma_n\sigma_e^2\Sigma_s}{2(\Sigma_s + \tau_e\sigma_e^2)^{\frac{3}{2}}} < 0.$$

Da die Liquiditätskosten negativ in das Kalkül des Entrepreneurs einfließen, ist der Liquiditätskosteneffekt de facto positiv.

Die Zielfunktion des Entrepreneurs sei wie folgt definiert:

$$V_0 \equiv E(A) + \Psi - \Pi - C.$$

Dann folgt aus der Zielsetzung der Maximierung der Zielfunktion die Bedingung erster Ordnung:

$$\frac{dV_0}{d\tau_e} = \frac{d\Psi}{d\tau_e} - \frac{d\Pi}{d\tau_e} - \frac{dC}{d\tau_e} = 0. \qquad \text{(D1)}$$

Daraus kann folgende Aussage abgeleitet werden:

$$\frac{dV_0}{d\tau_e} > 0,$$

genau dann, wenn folgende Ungleichung erfüllt ist:

$$-\frac{d\Pi}{d\tau_e} > \frac{dC}{d\tau_e} - \frac{d\Psi}{d\tau_e}.$$

*Beweis der Existenz einer optimalen inneren Lösung $\tau_e^*$:*

Zur impliziten Bestimmung der optimalen Präzision des Entrepreneurs, wird die Bedingung erster Ordnung in Gleichung D1 genauer betrachtet. Die explizite Bestimmung einer optimalen Präzision erweist sich als überaus komplex, da die Maximierung der Zielfunktion zu einem Polynom höheren Grades führt. Die möglichen Lösungen für $\tau_e^*$ lassen sich nicht ökonomisch sinnvoll interpretieren. Daher wird $\tau_e^*$ an dieser Stelle implizit bestimmt und durch die Bedingung erster Ordnung charakterisiert. Die Präzision ist bekanntermaßen definiert als

$$\tau_e \equiv \frac{\sigma_e^2}{\sigma_e^2 + \sigma_\varepsilon^2}.$$

Offensichtlich muss die Präzision per Definition im Intervall $\tau_e \in (0; 1)$ liegen.

Für

$$\tau_e \to 0$$

ist

$$\frac{dV_0}{d\tau_e} = \frac{\sigma_e^2}{4}\left(\frac{2\sigma_n}{\sqrt{\Sigma_s}} - g^2\right) > 0$$

wegen der Annahmen

$$g < \sqrt{\frac{3\sigma_n}{2\sqrt{\Sigma_s}}}$$

und

$$C'(\tau_e \to 0) \to 0.$$

Das bedeutet, dass die Funktion $V_0(\tau_e)$ am unteren Rand des Intervalls steigt.

Für

$$\tau_e \to 1$$

hingegen ist

$$\frac{dV_0}{d\tau_e} = -\frac{g^2\sigma_e^2}{4}\left(\frac{\Sigma_s}{\Sigma_s + \sigma_e^2}\right)^2 + \frac{\sigma_n\sigma_e^2\Sigma_s}{2}(\Sigma_s + \sigma_e^2)^{-\frac{3}{2}} - \frac{dC}{d\tau_e} < 0$$

wegen

$$C'(\tau_e \to 1) \to \infty.$$

Folglich sinkt die Funktion $V_0(\tau_e)$ am oberen Rand des Intervalls. Zugleich ist die zweite Ableitung eindeutig negativ:

$$\frac{d^2 V_0}{d\tau_e^2} = \frac{\sigma_e^4 \Sigma_s}{2(\Sigma_s + \tau_e \sigma_e^2)^3} \left( g^2 \Sigma_s - \frac{3}{2} \sigma_n \sqrt{\Sigma_s + \tau_e \sigma_e^2} \right) - \frac{d^2 C}{d\tau_e^2} < 0$$

wegen

$$g < \sqrt{\frac{3\sigma_n}{2\sqrt{\Sigma_s}}}$$

und der Konvexität von $C(\tau_e)$, was wiederum einhergeht mit:

$$\frac{d^2 C}{d\tau_e^2} > 0.$$

Die Zielfunktion des Entrepreneurs steigt bei $\tau_e \to 0$ und fällt bei $\tau_e \to 1$. Dann muss wegen einer eindeutig negativen zweiten Ableitung ein eindeutiges, inneres Maximum im Intervall $\tau_e^* \in (0; 1)$ vorliegen, das die Bedingung erster Ordnung in Gleichung D1 erfüllt.

An dieser Stelle soll zusätzlich der Fall eines nicht hinreichend schwachen Informational-Feedback-Effekts angeschnitten werden.

Wenn

$$g > \sqrt{\frac{3\sigma_n}{2\sqrt{\Sigma_s}}}$$

ist, dann ist die zweite Ableitung der Zielfunktion nicht eindeutig negativ für alle $\tau_e \in (0; 1)$. Außerdem ist

$$\frac{dV_0}{d\tau_e} < 0,$$

wenn gilt:

$$g > \left(1 + \frac{\tau_e \sigma_e^2}{\Sigma_s}\right) \sqrt{\frac{2\sigma_n \Sigma_s}{(\Sigma_s + \tau_e \sigma_e^2)^{\frac{3}{2}}}} - \frac{4}{\sigma_e^2} \frac{dC}{d\tau_e}.$$

In diesem Fall sinkt $V_0$ monoton in $\tau_e$, was impliziert, dass die Randlösung $\tau_e^* \to 0$ optimal ist. Da in diesem Szenario der private Lernmechanismus des Entrepreneurs eliminiert wird, ist dieser Fall nicht weiter relevant für die vorliegende Arbeit.

# Anhang E: Einfluss der Signalqualität des Spekulanten

Kapitel 5.4 befasst sich mit dem Einfluss der Signalqualität $\Sigma_s$ des Spekulanten auf das Kalkül des Entrepreneurs. $\Sigma_s$ wird dabei stellvertretend für die Signalpräzision $\tau_s$ verwendet, da dies die Rechnung erheblich vereinfacht, während die Erkenntnisse aufgrund des linearen Zusammenhangs $\Sigma_s = \tau_s \sigma_s^2$ davon unberührt bleiben. Um den Effekt von $\Sigma_s$ auf die Zielfunktion des Entrepreneurs zu ermitteln, wird $V_0$ nach $\Sigma_s$ abgeleitet. Es gilt:

$$
\begin{aligned}
\frac{dV_0}{d\Sigma_s} &= \frac{d\Psi}{d\Sigma_s} - \frac{d\Pi}{d\Sigma_s} \\
&= \frac{g^2}{4}\left(\frac{\Sigma_s}{\Sigma_s + \Sigma_e}\right)\left(2 - \frac{\Sigma_s}{\Sigma_s + \Sigma_e}\right) - \frac{\sigma_n}{2\sqrt{\Sigma_s + \Sigma_e}}\left(2 - \frac{\Sigma_s}{\Sigma_s + \Sigma_e}\right) \\
&= \frac{1}{4}\left(2 - \frac{\Sigma_s}{\Sigma_s + \Sigma_e}\right)\left(g^2\left(\frac{\Sigma_s}{\Sigma_s + \Sigma_e}\right) - \frac{2\sigma_n}{\sqrt{\Sigma_s + \Sigma_e}}\right) < 0,
\end{aligned}
$$

genau dann, wenn folgende Ungleichung erfüllt ist:

$$
g^2\left(\frac{\Sigma_s}{\Sigma_s + \Sigma_e}\right) - \frac{2\sigma_n}{\sqrt{\Sigma_s + \Sigma_e}} < 0. \tag{E1}
$$

Die Profitabilität der Investition ist stets positiv. Daher kann Ungleichung E1 folgendermaßen nach $g$ umgestellt werden:

$$
g < \sqrt{\frac{2\sigma_n}{\Sigma_s}}\sqrt{\Sigma_s + \Sigma_e}. \tag{E2}
$$

In Fußnote 9 in Abschnitt 3.3 wird folgende Annahme getroffen, um sicherzustellen, dass eine innere Lösung $\tau_e^*$ existiert:

$$g < \sqrt{\frac{3\sigma_n}{2\sqrt{\Sigma_s}}}.$$

Diese Bedingung bezüglich $g$ ist strenger als jene in Ungleichung E2. Es gilt:

$$\sqrt{\frac{3\sigma_n}{2\sqrt{\Sigma_s}}} < \sqrt{\frac{2\sigma_n}{\Sigma_s}}\sqrt{\Sigma_s + \Sigma_e}$$

$$0 < 16\Sigma_u + 7\Sigma_s.$$

Damit ist die Bedingung der Ungleichung E2 per Annahme für $g$ stets erfüllt. Es folgt unmittelbar:

$$\frac{dV_0}{d\Sigma_s} < 0.$$

# Anhang F: Optimale Präzision des Entrepreneurs

Zur Analyse der Effekte der Parameter $g$, $\sigma_n$ und $\Sigma_s$ auf die optimale Präzision des Entrepreneurs wird auf das Instrument der komparativen Statik zurückgegriffen. Da keine explizite Lösung für $\tau_e^*$ vorliegt, kommt an dieser Stelle der Umhüllungssatz (Envelope-Theorem) zum Einsatz. Dieses wird im Folgenden zunächst allgemein erläutert.

Allgemein gilt für eine Funktion $f(x, a)$, wobei $x(a)$ der Maximierer der Funktion $f$ sei, folgende Bedingung erster Ordnung:

$$\frac{df}{dx} = 0. \tag{F1}$$

Dies führt zu:

$$x^* = x(a).$$

Setzt man dies nun in die Funktion $f$ ein, so erhält man:

$$f(x(a), a).$$

Um die Wirkung von $a$ auf $x$ zu ermitteln, muss implizit betrachtet werden, wie $x$ auf $a$ reagiert, sodass die Bedingung erster Ordnung in Gleichung F1 weiterhin erfüllt ist. Zu diesem Zweck wird $\frac{df}{dx}$ nach $a$ abgeleitet. Mit der Kettenregel folgt:

$$\frac{d\left(\frac{df}{dx}\right)}{da} = \frac{d^2 f}{dx^2} \cdot \frac{dx}{da} + \frac{d^2 f}{dxda} = 0$$

$$\frac{dx^*}{da} = -\frac{\dfrac{d^2 f}{dxda}}{\dfrac{d^2 f}{dx^2}}.$$

113

Mit dem Umhüllungssatz kann im vorliegenden Modell der Einfluss exogener Parameter auf die durch $\frac{dV_0}{d\tau_e} = 0$ implizit beschriebene optimale Präzision des Entrepreneurs bestimmt werden.

*Profitabilität der Investition*

Hinsichtlich der Profitabilität $g$ der Investition gilt mit dem Umhüllungssatz:

$$\frac{d\tau_e^*}{dg} = -\frac{\frac{d^2V_0}{d\tau_e dg}}{\frac{d^2V_0}{d\tau_e^2}}.$$

Aus Anhang D ist bereits bekannt, dass die zweite Ableitung der Zielfunktion negativ ist:

$$\frac{d^2V_0}{d\tau_e^2} < 0.$$

Folglich hängt das Vorzeichen von $\frac{d\tau_e^*}{dg}$ allein vom Vorzeichen von $\frac{d^2V_0}{d\tau_e dg}$ ab. Es gilt:

$$\frac{d^2V_0}{d\tau_e dg} = -\frac{g\sigma_e^2}{2}\left(\frac{\Sigma_s}{\Sigma_s + \Sigma_e}\right)^2 < 0$$

und damit:

$$\frac{d\tau_e^*}{dg} < 0.$$

Dies belegt die negative Wirkung der Profitabilität der Investition beziehungsweise der Stärke $g$ des Informational-Feedback-Effekts auf die optimale Präzision des Entrepreneurs.

*Noise*

In analoger Vorgehensweise gelangt man zu folgendem Ergebnis bezüglich der Wirkung des Noises:

$$\frac{d\tau_e^*}{d\sigma_n} = -\frac{\frac{d^2V_0}{d\tau_e d\sigma_n}}{\frac{d^2V_0}{d\tau_e^2}} > 0$$

wegen

$$\frac{d^2V_0}{d\tau_e d\sigma_n} = \frac{\sigma_e^2 \Sigma_s}{2(\Sigma_s + \Sigma_e)^{\frac{3}{2}}} > 0.$$

Das beweist den positiven Effekt des Noises auf die Präzisionswahl des Entrepreneurs.

*Signalqualität des Spekulanten*

Die Analyse des Einflusses der Signalinformativität $\Sigma_s$ des Spekulanten gestaltet sich etwas schwieriger. Es gilt:

$$\frac{d\tau_e^*}{d\Sigma_s} = -\frac{\frac{d^2V_0}{d\tau_e d\Sigma_s}}{\frac{d^2V_0}{d\tau_e^2}}.$$

Das Vorzeichen des Terms $\frac{d^2V_0}{d\tau_e d\Sigma_s}$ ist jedoch nicht ohne weiteres erkennbar. Also wird dieser Ausdruck näher beleuchtet:

$$\frac{d^2V_0}{d\tau_e d\Sigma_s} = \frac{d^2\Psi}{d\tau_e d\Sigma_s} - \frac{d^2\Pi}{d\tau_e d\Sigma_s}$$

$$= -\frac{g^2\sigma_e^2\Sigma_s}{2(\Sigma_s + \Sigma_e)^2}\left(1 - \frac{\Sigma_s}{\Sigma_s + \Sigma_e}\right)$$

$$+ \frac{\sigma_n\sigma_e^2}{4(\Sigma_s + \Sigma_e)^{\frac{3}{2}}}\left(1 - \frac{3}{2}\left(\frac{\Sigma_s}{\Sigma_s + \Sigma_e}\right)\right)$$

$$= -\frac{g^2\sigma_e^2\Sigma_s\Sigma_e}{2(\Sigma_s + \Sigma_e)^3} + \frac{\sigma_n\sigma_e^2}{4(\Sigma_s + \Sigma_e)^{\frac{5}{2}}}(2\Sigma_e - \Sigma_s).$$

Diese Gleichung beweist die Aussage, dass die Qualität der Information des Spekulanten eine verstärkende Wirkung auf den negativen Investitionseffekt ausübt, was beschrieben wird durch

$$\frac{d^2\Psi}{d\tau_e d\Sigma_s} = -\frac{g^2\sigma_e^2\Sigma_s\Sigma_e}{2(\Sigma_s + \Sigma_e)^3} < 0.$$

Hingegen hängt der Nettoeffekt auf den Liquiditätskosteneffekt, beschrieben durch

$$-\frac{d^2\Pi}{d\tau_e d\Sigma_s} = \frac{\sigma_n\sigma_e^2}{4(\Sigma_s + \Sigma_e)^{\frac{5}{2}}}(2\Sigma_e - \Sigma_s)$$

vom Verhältnis zwischen $\Sigma_e$ und $\Sigma_s$ ab.

Ist

$$2\Sigma_e - \Sigma_s < 0,$$

dann ist

$$\frac{d^2V_0}{d\tau_e d\Sigma_s} < 0$$

und damit

$$\frac{d\tau_e^*}{d\Sigma_s} < 0.$$

Ist im Gegensatz dazu jedoch

$$2\Sigma_e - \Sigma_s > 0,$$

dann ist

$$\frac{d^2V_0}{d\tau_e d\Sigma_s} < 0$$

genau dann, wenn folgendes gilt:

$$-\frac{g^2\sigma_e^2\Sigma_s\Sigma_e}{2(\Sigma_s + \Sigma_e)^3} + \frac{\sigma_n\sigma_e^2}{4(\Sigma_s + \Sigma_e)^{\frac{5}{2}}}(2\Sigma_e - \Sigma_s) < 0.$$

$g$ ist per Annahme positiv. Also kann wie folgt nach $g$ aufgelöst werden:

$$g > \sqrt{\frac{\sigma_n(\Sigma_s + \Sigma_e)^{\frac{1}{2}}}{2\Sigma_s\Sigma_e}(2\Sigma_e - \Sigma_s)}.$$

Damit ist die nicht eindeutige Wirkung der Signalqualität des Spekulanten bewiesen.

# Literaturverzeichnis

Aboody, D., Lev, B.: Information Asymmetry, R&D, and Insider Gains. The Journal of Finance 55, 2747-2766 (2000).

Augustin, P., Brenner, M., Subrahmanyam, M.G.: Informed Options Trading prior to M&A Announcements: Insider Trading? Unveröffentlichtes Working Paper (2014).

Bade, M., Hirth, H.: Liquidity cost vs. real investment efficiency. Journal of Financial Markets, forthcoming (2015).

Black, F.: Noise. The Journal of Finance 41, 529-543 (1986).

Brennan, M.J., Subrahmanyam, A.: Investment analysis and price formation in securities markets. Journal of Financial Economics 38, 361-381 (1995).

Carlton, D.W., Fischel, D.R.: The Regulation of Insider Trading. Stanford Law Review 35, 857-895 (1983).

Chen, Q., Goldstein, I., Jiang, W.: Price Informativeness and Investment Sensitivity to Stock Price. The Review of Financial Studies 20, 619-650 (2007).

Dierker, M.: Endogenous information acquisition with Cournot competition. Annals of Finance 2, 369-395 (2006).

Dierker, M., Subrahmanyam, A.: Dynamic Information Disclosure. Contemporary Accounting Review, akzeptierter Artikel (2013).

Dow, J., Gorton, G.: Stock Market Efficiency and Economic Efficiency: Is There a Connection? The Journal of Finance 52, 1087-1129 (1997).

Dow, J., Goldstein, I., Guembel, A.: Incentives for Information Production in Markets where Prices Affect Real Investment. Unveröffentlichtes Working Paper (2011).

Dow, J., Rahi, R.: Informed Trading, Investment, and Welfare. Journal of Business 76, 439-454 (2003).

Dye, R.A., Sridhar, S.S.: Resource Allocation Effects of Price Reactions to Disclosures. Contemporary Accounting Research 19, 385-410 (2002).

Ellul, A., Pagano, M.: IPO Underpricing and After-Market Liquidity. The Review of Financial Studies 19, 381-421 (2006).

Easley, D., O'Hara, M.: Price, Trade Size, and Information in Securities Markets. Journal of Financial Economics 19, 69-90 (1987).

Easley, D., Hvidkjaer, S., O'Hara, M.: Is Information Risk a Determinant of Asset Returns? The Journal of Finance 57, 2185-2221 (2002).

Ferreira, D., Ferreira, M.A., Raposo, C.C.: Board structure and price informativeness. Journal of Financial Economics 99, 523-545 (2011).

Fishman, M.J., Hagerty, K.M.: Insider Trading and the Efficiency of Stock Prices. The RAND Journal of Economics 23, 106-122 (1992).

Foucault, T., Fresard, L.: Learning from peers' stock prices and corporate investment. Journal of Financial Economics 111, 554-577 (2014).

Foucault, T., Fresard, L.: Cross-Listing, Investment Sensitivity to Stock Price, and the Learning Hypothesis. The Review of Financial Studies 25, 3305-3350 (2012).

Foucault, T., Gehrig, T.: Stock price informativeness, cross-listings, and investment decisions. Journal of Financial Economics 88, 146-168 (2008).

119

Gao, P., Liang, P.J.: Informational Feedback, Adverse Selection, and Optimal Disclosure Policy. Journal of Accounting Research 51, 1133-1158 (2013).

Goldstein, I., Guembel, A.: Manipulation and the Allocational Role of Prices. Review of Economic Studies 75, 133-164 (2008).

Goldstein, I., Ozdenoren, E., Yuan, K.: Trading frenzies and their impact on real investment. Journal of Financial Economics 109, 566-582 (2013).

Goldstein, I., Yang, L.: Market Efficiency and Real Efficiency: The Connect and Disconnect via Feedback Effects. Unveröffentlichtes Working Paper (2014a).

Goldstein, I., Yang, L.: Information Diversity and Complementarities in Trading and Information Acquisition. The Journal of Finance, akzeptierter Artikel (2014b).

Grossman, S.J., Stiglitz J.: On the Impossibility of Informationally Efficient Markets. The American Economic Review 70, 393-408 (1980).

Han, B., Tang, Y., Yang, L.: Disclosure and Discretionary Liquidity Trading: Implications for Market Liquidity and Efficiency. Unveröffentlichtes Working Paper (2014).

Hayek, F.A.: The Use of Knowledge in Society. The American Economic Review 35, 519-530 (1945).

Hirshleifer, D., Subrahmanyam, A., Titman, S.: Feedback and the success of irrational investors. Journal of Financial Economics 81, 311-338 (2006).

Hirth, H.: Insiderhandel bei unsicherem Veröffentlichungszeitpunkt. OR Specktrum 21, 81-96 (1999).

Hirth, H.: Zur Theorie der Marktmikrostruktur. Moderne Betriebswirtschaftslehre. Schäfer-Poeschel Verlag, Stuttgart (2000).

Khanna, N., Slezak, S.L., Bradley, M.: Insider Trading, Outside Search, and Resource Allocation: Why Firms and Society May Disagree on Insider Trading Restrictions. The Review of Financial Studies 7, 474-608 (1994).

Khanna, N., Sonti, R.: Value creating stock manipulation: feedback effect of stock prices on firm value. Journal of Financial Markets 7, 237-270 (2004).

Kyle, A.S.: Continuous Auctions and Insider Trading. Econometrica 53, 1315-1335 (1985).

Kyle, A.S., Ou-Yang, H., Wei, B.: A Model of Portfolio Delegation and Strategic Trading. The Review of Financial Studies 24, 3778-3812 (2011).

Luo, Y.: Do Insiders Learn from Outsiders? Evidence from Mergers and Acquisitions. The Journal of Finance 60, 1951-1982 (2005).

Masson, R.T., Madhavan, A.: Insider Trading and the Value of the Firm. The Journal of Industrial Economics 39, 333-353 (1991).

Niehoff, K.: Insiderhandel an Wertpapierbörsen – Eine modelltheoretische Analyse. Gabler Verlag, Wiesbaden (2011).

Ozdenoren, E., Yuan, K.: Feedback Effects and Asset Prices. The Journal of Finance 63, 1939-1975 (2008).

Ozoguz, A., Rebello, M.: Information, competition, and investment sensitivity to peer stock prices. Unveröffentlichtes Working Paper (2013).

Rock, K.: Why New Issues are Underpriced. Journal of Financial Economics 15, 187-212 (1986).

Subrahmanyam, A., Titman, S.: The Going-Public Decision and the Development of Financial Markets. The Journal of Finance 54, 1045-1082 (1999).

Tobin, J., Brainard, W.C.: Asset Markets and the Cost of Capital. Economic Progress, Private Values and Public Policy, Essays in Honor of William Fellner, 235-262 (1977).

Verrecchia, R.E.: Information Acquisition in a Noisy Rational Expectations Economy. Econometrica 50, 1415-1430 (1982).

Wertpapierhandelsgesetz. Online verfügbar: www.gesetze-im-internet.de/wphg. Letzter Aufruf: 17.07.2015.